Nick Büscher

Mythos in der Postmoderne:

Christoph Ransmayrs Die letzte Welt

Diplomica® Verlag GmbH

Büscher, Nick: Mythos in der Postmoderne: Christoph Ransmayrs Die letzte Welt, Hamburg, Diplomica Verlag GmbH 2010

ISBN: 978-3-8366-9248-9
Druck: Diplomica® Verlag GmbH, Hamburg, 2010

Bibliografische Information der Deutschen Nationalbibliothek:
Die Deutsche Nationalbibliothek verzeichnet diese Publikation in der Deutschen Nationalbibliografie; detaillierte bibliografische Daten sind im Internet über http://dnb.d-nb.de abrufbar.

Die digitale Ausgabe (eBook-Ausgabe) dieses Titels trägt die ISBN 978-3-8366-4248-4 und kann über den Handel oder den Verlag bezogen werden.

© Diplomica Verlag GmbH
http://www.diplomica-verlag.de, Hamburg 2010
Printed in Germany

Inhalt

1 *Die letzte Welt* – Ein Mythos der Postmoderne oder ein postmoderner Mythos?

> Doch mußte dem Freunde dies sonderbar scheinen, als man hinzufügte: es werde den Schülern nicht vergönnt, schon ausgearbeitete Gedichte älterer und neuerer Dichter zu lesen oder vorzutragen; ihnen wird nur eine Reihe von Mythen, Überlieferungen und Legenden lakonisch mitgeteilt. Nun erkennt man gar bald an malerischer oder poetischer Ausführung das eigene Produktive des einer oder der andern Kunst gewidmeten Talents. Dichter und Bildner, beide beschäftigen sich an *einer* Quelle, und jeder sucht das Wasser nach seiner Seite, zu seinem Vorteil hinzulenken, um nach Erfordernis eigne Zwecke zu erreichen; welches ihm viel besser gelingt, als wenn er das schon Verarbeitete nochmals umarbeiten wollte.[1]

Viele Dichter schöpften bereits aus den mythischen Quellen. Diese Quellen sind jedoch nicht lokalisierbar, die mythischen Stoffe folgen weder dem Diktum einer Autorinstanz, noch einer wohlgeordneten Rezeption. Die lebendige Vielfalt der Mythen, „die ihre Lebendigkeit nicht literarisch ausgeformten Texten verdank[t], sondern eher einer diffusen Vielfalt ‚volkstümlicher' Tradition"[2], ist eine bis in die Gegenwart hinein wirkende Hinterlassenschaft der antiken Arbeit am Mythos. Dabei bewahrt sich stets der mythische Kern, die von Hans Blumenberg gemeinhin bezeichnete „[i]konische Konstanz"[3], als das eigentümlichste Moment. So ließe sich auch die Lakonik mythischer und tradierter Stoffe begründen, mit der die Schüler in der pädagogischen Provinz in *Wilhelm Meisters Wanderjahre* konfrontiert werden. Ihr künstlerisches Schaffen

---

[1] Johann Wolfgang Goethe: Wilhelm Meisters Wanderjahre oder die Entsagenden. Mit einem Nachwort von Adolf Muschg. 14. Auflage. Frankfurt a.M.: Insel 2007 (= insel taschenbuch 575). S. 256–257.

[2] Walter Burkert: Antiker Mythos – Begriff und Funktion. In: Antike Mythen in der europäischen Tradition. Hrsg. von Heinz Hofmann. Tübingen: Attempto 1999. S. 17.

[3] Hans Blumenberg: Arbeit am Mythos. Frankfurt a.M.: Suhrkamp 2006 (= suhrkamp taschenbuch wissenschaft 1805). S. 165.

nährt sich von den mythischen Grundelementen, welche die Quelle für Phantasie und Schaffensdrang darstellen.

Der Mythos als Stoff literarischer Rezeption erfreut sich in der Gegenwartsliteratur größter Beliebtheit, „[t]atsächlich zeichnet sich in der Literaturszene eine Hinwendung zu mythischen Themen ab. Vermehrt wird auf traditionelle Mythen zurückgegriffen, werden bekannte Mythologeme variiert."[4] Christa Wolfs *Kassandra* (1983) und *Medea* (1996), John Banvilles *Athena* (1995), John Barths *Chimera* (1972) und nicht zuletzt Christoph Ransmayrs *Die letzte Welt* (1988) stellen nur eine Auswahl aus der vitalen Konjunktur literarischer Mythos-Rezeptionen der Postmoderne dar.[5]

Diese Untersuchung bewegt sich im Spannungsfeld zwischen Mythos und Postmoderne. Der Mythos scheint vom ideologisch-totalitären und antirationalen Generalverdacht rehabilitiert, das lange geltende Diktum *Vom Mythos zum Logos* gilt in der Postmoderne nicht mehr uneingeschränkt und erfährt seine Relativierung. Versteht man die Postmoderne als Krise der Moderne, so ist dies zugleich ein Symptom für die Krise der Vernunft, die ihre dialektische Auflösung im Mythos erfährt. Max Horkheimer und Theodor W. Adorno haben in der *Dialektik der Aufklärung* deutlich darauf hingewiesen, dass „die Mythen, die der Aufklärung zum Opfer fallen, [...] selbst schon deren eigenes Produkt [waren]".[6] Der Mythos erscheint in der postmodernen Perspektive als Alternative, als das Andere der Vernunft, und offeriert ein sinnstiftendes Angebot in

---

[4] Nicola Bock-Lindenbeck: Letzte Welten – Neue Mythen. Der Mythos in der deutschen Gegenwartsliteratur. Köln u.a.: Böhlau 1999. S. XII.

[5] Ein weiteres Indiz dafür ist auch die enorme Auswahl an Forschungsliteratur, die in den letzten Jahren zu diesem Themenkomplex entstanden ist. Zu den neuesten und umfangreichsten Arbeiten gehört Herwig Gottwalds Untersuchung (vgl. Herwig Gottwald: Spuren des Mythos in moderner deutschsprachiger Literatur. Theoretische Modelle und Fallstudien. Würzburg: Königshausen & Neumann 2007.). Vgl. auch ihre ältere exemplarische Untersuchung: Herwig Gottwald: Mythos und Mythisches in der Gegenwartsliteratur. Studien zu Christoph Ransmayr, Peter Handke, Botho Strauß, George Steiner, Patrick Roth und Robert Schneider. Stuttgart: Akademischer Verlag 1996 (= Stuttgarter Arbeiten zur Germanistik Nr. 333).

[6] Max Horkheimer; Theodor W. Adorno: Dialektik der Aufklärung. Philosophische Fragmente. 16. Auflage. Frankfurt a.M.: Fischer 2006 (= Fischer Wissenschaft 7404). S. 14.

einer durch und durch technisierten Welt, die jedem Sinngehalt entbehrt.[7] Die Alleinherrschaft der Vernunft wird zugunsten einer phantastischen Zugangsweise zur Welt aufgegeben, nicht zuletzt durch Horkheimers und Adornos *Dialektik der Aufklärung* und Hans Blumenbergs *Arbeit am Mythos* initiiert.[8]

Die allgemeinen Tendenzen postmoderner Literatur werden zu Geburtshelfern eines neuen Zugangs zu den mythischen Stoffen, so die hier vertretene These. Intertextualität, Mehrfachkodierung, Autoreflexivität, Ironie und Rhizomstruktur als konstitutive Elemente der postmodernen Literatur vereinigen sich auf sinnfällige Art und Weise mit dem Mythos. Auch der postmoderne Spielbegriff und der Tod des Autors werden im Zusammenhang mit der Mythos-Rezeption evident. Hierbei rückt Christoph Ransmayrs Roman *Die letzte Welt* in den Fokus der Betrachtung. Meine These lautet: Der spielerische und zwanglose Umgang mit der mythischen Stofftradition sowie der postmoderne Verlust der legitimen Autorschaft und die Verpflichtung zur Arbeit am Mythos sind für Christoph Ransmayrs *Letzte Welt* konstitutiv.[9]

Diese Untersuchung geht der Frage nach, welche Grundlagen in den Paradigmen von Postmoderne und philosophischer Rehabilitierung des Mythos geschaffen wurden, um von einer postmodernen Rezeption mythischer Stoff-

---

[7] Vgl. Wolfgang Emmerich: Entzauberung – Wiederverzauberung. Die Maschine Mythos im 20. Jahrhundert. In: Mythenkorrekturen. Zu einer paradoxalen Form der Mythenrezeption. Hrsg. von Martin Vöhler u.a. Berlin u.a.: de Gruyter 2005 (= spectrum Literaturwissenschaft 3). S. 413–414. Auch Stefan Greif konstatiert: „[Es] fällt auf, daß die aktuelle Mythos-Diskussion sich mit exakt den Elementen des Mythos auseinandersetzt, die in der Diskussion zur Postmoderne von Relevanz sind." (Stefan Greif: Der Mythos – Das wilde Denken und die Vernunft. In: Pluralismus und Postmodernismus. Zur Literatur- und Kulturgeschichte der achtziger und frühen neunziger Jahre in Deutschland. Hrsg. von Helmut Kreuzer. Dritte, gegenüber der zweiten wesentlich erweiterte Auflage. Frankfurt a.M.: Lang 1994 (= Forschungen zur Literatur- und Kulturgeschichte 25). S. 124–125.)

[8] Bereits Peter Bachmann weist die *Dialektik der Aufklärung* und die *Arbeit am Mythos* als zentrale philosophische Voraussetzungen für Ransmayrs Roman aus (vgl. Peter Bachmann: Die Auferstehung des Mythos in der Postmoderne. Philosophische Voraussetzungen zu Christoph Ransmayrs Roman „Die letzte Welt". In: Diskussion Deutsch 21 (1990). S. 638–651.).

[9] Auf die teilweise sehr widersprüchliche Kontroverse um Existenz und Wesen der Postmoderne kann an dieser Stelle nicht eingegangen werden. Diese Arbeit geht von der Perspektive aus, dass es spezifische Merkmale und Grundtendenzen der Postmoderne gibt, welche die Rezeption des Mythos in der *Letzten Welt* begleiten.

elemente sprechen zu können. Die alles entscheidende Grundannahme dieser Studie ist, dass Ransmayrs Roman *Die letzte Welt* als Verpflichtung zur Arbeit am Mythos zu verstehen ist. Das literarische Schaffen steht dabei im „Spannungsverhältnis zwischen den Verbindlichkeiten mythischer Erzählungen auf der einen Seite und der Distanz und Freiheit des mythopoietischen Dichters auf der anderen Seite".[10] Der Anspruch dieser Arbeit liegt nicht in der Austarierung der exakten Position der *Letzten Welt* in diesem Spannungsfeld, sondern im Aufzeigen von Tendenzen dieser Positionierung.

2 Die Postmoderne als Umfeld der Mythos-Rezeption

2.1 Die Postmoderne als redigierte Moderne[11]

> Unglücklicherweise ist ›postmodern‹ heute ein Passepartoutbegriff, mit dem man fast alles machen kann. Ich habe den Eindruck, daß ihn inzwischen jeder auf das anwendet, was ihm gerade gefällt.[12]

Die Diskussion um die Postmoderne ist ungebrochen. Ungebrochen ist jedoch auch die inflationäre Verwendungsweise dieses Begriffs. Kaum ein anderer Terminus evoziert derart viele widersprüchliche Vorstellungen und Verwendungsweisen, und das nicht nur in der gegenwärtigen literaturwissenschaftlichen Diskussion: Die Postmoderne „ist zu einem Modewort geworden, das je-

---

[10] Antje Wessels: Über Freiheit und Grenzen poetischer Mythengestaltung. In: Mythenkorrekturen. S. 167. Es kann an dieser Stelle nicht deutlich genug darauf hingewiesen werden, dass es mir in dieser Untersuchung nicht um philologische Akribie gehen kann, sondern um den generellen Umgang mit mythischen Stoffelementen.
[11] Diese Bezeichnung geht zurück auf Jean-François Lyotard und seine kritische Auseinandersetzung mit dem Begriff der Postmoderne. Vgl. Jean-François Lyotard: Die Moderne redigieren. In: Ders.: Das Inhumane. Plaudereien über die Zeit. Hrsg. von Peter Engelmann. Wien: Passagen 1989 (= Edition Passagen 28). S. 51 – 69.
[12] Umberto Eco: Nachschrift zum »Namen der Rose«. 9. Auflage. München u.a.: Hanser 1987. S. 77.

der, der es benutzt, mit anderen Inhalten und Beispielen verbindet."[13] Umso wichtiger erscheint es, sich bestimmter Tendenzen postmoderner Literatur zu vergewissern, um eine gemeinsame Erkenntnisgrundlage zu schaffen. Wichtig ist, dass es die *eine* Postmoderne ohnehin nicht gibt. Man kann lediglich von „postmodernen Konstellationen"[14] sprechen, welche oftmals sehr unterschiedlichen theoretischen Ansätzen folgen.

Die Postmoderne lässt sich nur im Zusammenhang mit der Moderne verstehen, als „der diagnostische Reflex auf das offenkundige Scheitern der Moderne."[15] Die beiden einstigen Kraftpole der Moderne, das Subjekt und die Vernunft, werden angesichts zweier die Welt umspannender Vernichtungskriege und des dadurch zutage getretenen Selbstzerstörungspotenzials des Menschen fragwürdig. Das Projekt Aufklärung, in welchem die objektivierende und sich von den Dingen entfremdende Diktatur des Geistes in die Unterwerfung der Massen umschlug, scheint gescheitert:

> Der Mythos geht in die Aufklärung über und die Natur in bloße Objektivität. Die Menschen bezahlen die Vermehrung ihrer Macht mit der Entfremdung von dem, worüber sie die Macht ausüben. Die Aufklärung verhält sich zu den Dingen wie der Diktator zu den Menschen. Er kennt sie, insofern er sie manipulieren kann.[16]

In diesem Sinne versucht die Postmoderne, sich von den Totalitätsansprüchen der Moderne zu distanzieren. Hierzu gehört insbesondere die Verabschiedung von den großen Utopien der Moderne, den Metaerzählungen, die ihre „Legi-

---

13 Hanns-Josef Ortheil: Texte im Spiegel von Texten. Postmoderne Literaturen. In: Literarische Moderne. Europäische Literatur im 19. Und 20. Jahrhundert. Funkkolleg. Studienbrief 10. Studieneinheit 30. Tübingen: DIFF 1994. S. 30/4.
14 Ebd.
15 Roger Behrens: Postmoderne. 2., korrigierte Auflage. Hamburg: Europäische Verlagsanstalt 2008. S. 10.
16 Max Horkheimer; Theodor W. Adorno: Dialektik der Aufklärung. S. 15.

timität [...] in einer einzulösenden Zukunft"[17] suchen. Zu diesen Metaerzählungen gehört die Aufklärung ebenso wie der Idealismus, die Hermeneutik und der Historismus. Jean-François Lyotard diagnostiziert, dass „das Projekt der Moderne [...] nicht aufgegeben, vergessen, sondern zerstört, ›liquidiert‹ worden ist. [...] ›Auschwitz‹ kann als ein paradigmatischer Name für die tragische ›Unvollendetheit‹ der Moderne genommen werden."[18] Die Wende vom Vereinheitlichungsgedanken der Moderne zum Pluralitätskredo der Postmoderne vollzieht sich mit Blick auf die allgegenwärtigen Beschleunigungstendenzen des Fortschritts, der Naturbeherrschung und der Technisierung. Die Postmoderne plädiert entgegen des Terrors der modernen Totalität für das Lokale, Kleinteilige, für das Besondere und Diskontinuierliche: „Wir haben die Sehnsucht nach dem Ganzen und dem Einen [...] teuer bezahlt. [...] Krieg dem Ganzen, [...] aktivieren wir die Differenzen, retten wir die Differenzen [...]".[19] Bezeichnend für diesen Pluralismus und die Akzeptanz des Fragmentarischen ist die Metapher des Rhizoms, die durch Gilles Deleuze und Félix Guattari geprägt wurde:

> Ein solches System kann man Rhizom nennen. Als unterirdischer Sproß unterscheidet sich ein Rhizom grundsätzlich von großen und kleinen Wurzeln. [...] Das Rhizom selbst kann die verschiedensten Formen annehmen [...]. [Sein] Prinzip [ist das] der Konnexion und der Heterogenität. Jeder beliebige Punkt eines Rhizoms kann und muß mit jedem anderen verbunden werden. Ganz anders dagegen der Baum oder die Wurzel, wo ein Punkt und eine Ordnung festgesetzt werden.[20]

---

[17] Jean-François Lyotard: Randbemerkungen zu den Erzählungen. In: Postmoderne und Dekonstruktion. Texte französischer Philosophen der Gegenwart. Mit einer Einführung herausgeben von Peter Engelmann. Stuttgart: Reclam 2007 (= Universal-Bibliothek Nr. 8668). S. 49.
[18] Ebd. S. 50.
[19] Ebd. S. 48.
[20] Gilles Deleuze; Félix Guattari: Rhizom. Berlin: Merve 1977. S. 11.

2.2 Ästhetik und Literatur in der Postmoderne

Die Aufmerksamkeit auf das Besondere, Differenzierte und Bruchstückhafte ist auch in bestimmten Strömungen der Moderne zu spüren, von der Romantik über die Jahrhundertwende bis zur Avantgarde der Moderne. Dabei scheint die postmoderne Ästhetik bekannte Theoreme der Moderne aufzugreifen. Doch die Beurteilung dieses Pluralismus geschieht unter vollkommen anderen Vorzeichen. Während die Moderne den Verlust der Einheit beklagt, begrüßt die Postmoderne diese Zerstückelung geradezu, „sie gibt Gespaltenheit nicht als Zustand eines gebrochenen, unglücklichen Bewußtseins aus, sondern als ästhetischen Reiz."[21] Zustände, Übergänge und Mischformen werden zum Garant postmoderner Ästhetik, von der einheitlichen Form scheint kein Reiz mehr auszugehen. Der Einheits- und Ordnungsgedanke moderner Ästhetik wird abgelöst von dem Bild des Rhizoms.

Darin liegt wohl auch einer der Hauptgründe für den Befund, den die amerikanische Literaturtheorie der modernen Nachkriegsliteratur ausstellt: Demzufolge hat die Literatur ihre innovative Stärke und ihre Durchschlagskraft verloren und kann mit ihrer Dunkelheit des Elfenbeinturmes eher den kunstverständigen Interpreten der Eliten, aber keinesfalls den Anforderungen einer multimedialen Massengesellschaft genügen.[22] Im Rahmen dieser Diskussion ist der Aufsatz *Cross the Border – Close the Gap* des Literaturkritikers Leslie Fiedler berühmt geworden, der programmatisch die Haltung postmoderner Literatur, im „Todeskampf der literarischen Moderne und [in den] Geburtswehen der Post-

---

[21] Hanns-Josef Ortheil: Texte im Spiegel von Texten. S. 30/8.
[22] Vgl. Wolfgang Welsch: Unsere postmoderne Moderne. Weinheim: VCH 1987. S. 14–15. Zu Recht macht Wolfgang Welsch darauf aufmerksam, dass der Begriff der Postmoderne in der anfänglichen literaturwissenschaftlichen Diskussion, initiiert durch Irving Howe und Harry Levin, negativ besetzt war. Erst in den 1960er Jahren kam es zur positiven Neubewertung dieses Begriffes.

Moderne"[23] formulierte. Fiedler ruft dazu auf, von der Akademismus-Literatur abzukommen und die Möglichkeiten der Massenkultur als neu gewonnene künstlerische Plattform zu verstehen.[24] Damit geht eine neue, leserzentrierte Literaturkritik einher. Diese Kritik muss – fernab des universitären Diskurses über Literatur – „ästhetisch und poetisch in Form und Inhalt sein, gleichzeitig aber auch komisch, respektlos und vulgär."[25] Nach dem Tod des seriösen Kunst-Romans soll die Literatur die Herausforderung der zunehmenden Technisierung und Multimedialität aufnehmen, es gilt, „die Lücke zu schließen zwischen hoher Kultur und niederer".[26] Fiedler konstatiert, dass „diese Überbrückung der Kluft zwischen Elite- und Massenkultur die exakte Funktion des Romans heute ist."[27] Angestrebt wird die Vermischung von hoher und niederer Kultur, welche die Popliteraten Fiedler zufolge bereits erfolgreich praktizieren, indem „sie [...] dasjenige Genre [wählen], das sich der Exploitation durch die Massenmedien am ehesten anbietet, den Western, Science-fiction und Pornographie."[28] Nicht nur die Annäherung, sondern die Verbindung mit den trivialen Trägern der Massenkultur muss praktiziert und der Kritizismus der Moderne überwunden werden, um ein Massenpublikum erreichen zu können. Leslie Fiedler sieht sich insbesondere durch die Literatur seiner Zeit bestätigt, die sich dieser Praktiken bedient und sich somit dem breiten Publikum zugänglich macht. In der Popliteratur zeichnet sich ab, dass „die alten Unterscheidungen nichts mehr hergeben"[29] und die Dichotomie von hoher und niederer Kunst innerhalb der Literaturkritik obsolet wird. Die Formen anspruchsvoller und trivialer Literatur und ihre Darstellungsformen vereinigen sich, so Fiedler. Und auch die Beurteilungs-

---

[23] Leslie A. Fiedler: Überquert die Grenze, schließt den Graben! Über die Postmoderne. In: Wege aus der Moderne. Schlüsseltexte der Postmoderne-Diskussion. Hrsg. von Wolfgang Welsch. 2., durchgesehene Auflage. Berlin: Akademie Verlag 1994. S. 57.
[24] Bezeichnenderweise erschien der Aufsatz von Leslie Fiedler als Erstveröffentlichung im *Playboy*. Somit hat bereits Fiedler die Medien der Massenkultur für sich nutzbar gemacht.
[25] Leslie A. Fiedler: Überquert die Grenze, schließt den Graben! S. 59.
[26] Ebd. S. 61.
[27] Ebd. S. 62.
[28] Ebd.
[29] Ebd. S. 67.

paradigmen der Literaturkritik verändern sich: Es soll nicht mehr von hoher oder niederer, sondern nur noch von guter oder schlechter Literatur die Rede sein. „Der Postmodernismus schließt die Kluft zwischen Kritiker und Publikum, […] zwischen Künstler und Publikum [,] […] zwischen Professionalismus und Amateurtum".[30] Der Künstler selbst wird zum ästhetischen Grenzgänger, er agiert als „Doppelagent"[31] in einer Art oszillierendem Verhältnis zwischen Kunst und Massenkonsum, zwischen Kunst und Trivialität. Insgesamt, so Fiedlers Forderung, soll sich die Literatur aus ihrer Selbstbegrenzung lösen, sollen diejenigen „ohne jede Sonderbegabung oder ‚Berufung' darauf bestehen, Tausende von Platten zu machen, Filme, Lyrikbände, Gemälde, Müllplastiken und sogar Romane bei vollkommener Verachtung professioneller Normen."[32] Doch wenn in der Postmoderne die Dichotomie zwischen Kunst und Massenkultur überwunden wird, stellt sich in verschärfter Art und Weise die Frage nach dem Status des Künstlers.

2.3 Der Tod des Autors

> Ein Erzähler darf das eigene Werk nicht interpretieren, andernfalls hätte er keinen Roman geschrieben, denn ein Roman ist eine Maschine zur Erzeugung von Interpretationen. […] Der Text ist da und produziert seine eigenen Sinnverbindungen. […] Der Autor müßte das Zeitliche segnen, nachdem er geschrieben hat. Damit er die Eigenbewegung des Textes nicht stört.[33]

Das, was Umberto Eco zu seinem Roman *Der Name der Rose* als präskriptives Problem der Autorenrolle beschreibt, wird in der literaturtheoretischen Diskussion zum postmodernen Diktum vom Tod des Autors. Damit wird die Konsequenz aus der philosophischen Debatte um die Auflösung des Subjektes ge-

---

[30] Ebd. S. 69.
[31] Ebd.
[32] Leslie A. Fiedler: Überquert die Grenze, schließt den Graben! S. 70.
[33] Umberto Eco: Nachschrift zum »Namen der Rose«. S. 9–14.

zogen, auf den poststrukturalistischen Tod des Subjektes folgt der Tod des Autors. Das literarische Werk hat sich damit nicht nur von den Konventionen einer sogenannten höheren Literatur emanzipiert und die Gräben zwischen E-Kultur und U-Kultur geschlossen, sondern sich darüber hinaus auch von seinem Autor befreit.

Die Initialzündung für die offene Debatte um den Status des Autors und „die poststrukturalistische Suspendierung des Autorsubjekts"[34] leistet Roland Barthes mit seinem Aufsatz *Der Tod des Autors*. Dieser Aufsatz ist das Plädoyer für den Ausschluss des Autors aus dem Prozess der Interpretation literarischer Texte, die Entthronung des Autors als autoritäre Instanz der Textdeutung.[35] Für Roland Barthes ist die Frage nach der Identität der Erzählerstimme im literarischen Text nicht zu beantworten, „weil die Schrift [...] jede Stimme, jeden Ursprung zerstört."[36] Dies entspricht jedoch der Wesenhaftigkeit aller menschlichen Erzählungen, so Barthes weiter, denn dann „stirbt der Autor, beginnt die Schrift".[37] Barthes übt entschieden Kritik an der modernen Figur des Autors, am Geniekult sowie an der modernen Kultur[38], welche „die Literatur tyrannisch auf den Autor [beschränkt], auf seine Person, seine Geschichte, seinen Geschmack, seine Leidenschaften."[39] Er verurteilt die einseitigen Interpretations-

---

[34] Anke-Marie Lohmeier: Schriftstellers »Verantwortung« und Autors »Tod«. Autorkonzepte und offene Gesellschaft am Beispiel des deutsch-deutschen Literaturstreits. In: Autorschaft. Positionen und Revisionen. Hrsg. von Heinrich Detering. Stuttgart u.a.: Metzler 2002 (=Germanistische-Symposien-Berichtsbände 24). S. 558.

[35] Dies wird auch deutlich in der provokativen Formel Michel Foucaults: „Wen kümmert's, wer spricht?" (Michel Foucault: Was ist ein Autor? In: Texte zur Theorie der Autorschaft. Herausgegeben und kommentiert von Fotis Jannidis u.a. Stuttgart: Reclam 2007 (= Universal-Bibliothek 18058). S. 198.) Auch bei Foucault klingt der Tod des Autors an, denn „[d]as Werk, das die Aufgabe hatte, unsterblich zu machen, hat das Recht erhalten, zu töten, seinen Autor umzubringen." (Michel Foucault: Was ist ein Autor? S. 204).

[36] Roland Barthes: Der Tod des Autors. In: Texte zur Theorie der Autorschaft. S. 185.

[37] Ebd.

[38] Barthes wendet sich damit insbesondere gegen den Geniekult der Romantik, der mitunter Ausgangspunkt des hermeneutischen Interpretationsansatzes des Biografismus ist und den fiktionalen Text ausschließlich von der Biografie des schreibenden Autors zu interpretieren versucht. Dies wurde bereits früh von den russischen Formalisten wie Boris Tomaševskij kritisiert. (Vgl. Boris Tomaševskij: Literatur und Biografie. In: Texte zur Theorie der Autorschaft. S. 49–61.)

[39] Roland Barthes: Der Tod des Autors. S. 186.

ansätze und „die Vorherrschaft des *Autors*"[40], die der Grundannahme folgt, der Erklärungsschlüssel für ein Werk lasse sich aus der Stimme des Autors ziehen, welche sich hinter der Fiktion seines Textes verberge. Barthes folgt vielmehr denjenigen, die den Autor als Autorität seines Werkes zu entsakralisieren versuchen. Dabei argumentiert er auf der Ebene der Wesenheit der Sprache und auf der Ebene der Intertextualität, um den Autorbegriff vollends aufzulösen.

Die Sprache hat ein Subjekt, aber keine Person zum notwendigen Träger. Der Autor steht nicht als historisch bestimmbarer Lieferant seines literarischen Schaffens in einem Verhältnis von „*Vorher* und *Nachher*"[41] zu seinem Text, sondern „[e]s gibt nur die Zeit der Äußerung, und jeder Text ist immer *hier* und *jetzt* geschrieben."[42] Schreiben ist eine Art Performativ, dessen Inhalt geradewegs der Akt seiner Darstellung ist.[43] Es ist die „reine[...] Geste der Einschreibung"[44], welche keinen Ursprung besitzt und keine ursprüngliche Stimme kennt.

Roland Barthes betont die Intertextualität literarischer Texte. Wider jede eindeutige Teleologie des Autors besteht ein Text „aus einem vieldimensionalen Raum".[45] In diesem Raum agieren widerstrebende Schreibweisen, die keinesfalls originell sind, denn „[d]er Text ist ein Gewebe von Zitaten aus unzähligen

---

40 Ebd.
41 Ebd. S. 189.
42 Ebd.
43 Auch Boris Groys geht von der Zeigetechnik und einem performativen Ich aus, das formell unausgefüllt bleibt: „Diese Kompetenz, die Möglichkeit, etwas zu zeigen, ist sozusagen exterritorial, denn sie geht jeder Theorie voraus. Ich kann darüber sprechen, aber ich spreche darüber technisch, und ich stelle dabei die Frage 'Wie wird etwas gezeigt?' und nicht die Frage 'Was wird gezeigt?' oder 'Wer zeigt?' oder 'Wer bekommt etwas gezeigt?'. [...] Wenn ich [...] lediglich ein System der technischen Anweisungen entwickle, wie eine Theorie herzustellen ist, dann ist das ein Bereich, der überhaupt keine Substantialität hat, und wo 'ich' nicht definiert werden kann." (Boris Groys: Die Wiedererschaffung des Autors nach seinem Tode - Ein Gespräch. In: Am Ende der Literaturtheorie? Neun Beiträge zur Einführung und Diskussion. Hrsg. von Torsten Hinz u.a. Münster: LIT 1995 (= Zeit und Text 8). S. 156–157.)
44 Roland Barthes: Der Tod des Autors. S. 190.
45 Ebd.

Stätten der Kultur."[46] So ist der scheinbare Demiurg des Textes nur ein Nach-ahmer bereits vorhandener Schriften, „[s]eine einzige Macht besteht darin, die Schriften zu vermischen und sie miteinander zu konfrontieren".[47] Der zum Schreiber degradierte Autor nutzt lediglich vorhandene Ausdrücke, die alle-samt einer Art Wörterbuch entstammen. Es wird somit obsolet, bei „Abwesen-heit des *Autors*"[48] einen Text auf seinen Sinn hin dechiffrieren zu wollen. Mit dem Autor verschwindet auch die Literaturkritik, die nach Erklärungen sucht. „Die vielfältige Schrift kann nämlich nur *entwirrt*, nicht *entziffert* werden."[49] Die Schrift bildet unentwegt Sinn, und das nur, um diesen Sinn wieder aufzulösen. Barthes sieht darin eine systematische Verweigerungsstrategie gegenüber endgültigen Sinnerschließungsversuchen.

Barthes' Überlegungen führen geradewegs zur Inthronisation des Lesers als maßgebliche Instanz der interpretatorischen Auslegung. Der Leser wird zum Kristallisationspunkt der Vielfalt der Schriften: „Der Leser ist der Raum, in dem sich alle Zitate, aus denen sich eine Schrift zusammensetzt, einschreiben, ohne dass ein einziges verloren ginge."[50] Als Wesen ohne Geschichte, ohne Psycho-logie und Biografie wird der Leser zum vereinigenden Element aller Spuren: „Die Geburt des Lesers ist zu bezahlen mit dem Tod des *Autors*."[51]

2.4 Postmoderner Spielbegriff

Wider die Ernsthaftigkeit der Moderne ist die Postmoderne mit dem Plädoyer für eine Ästhetik des Spielerischen verbunden und „zielt [...] auf eine ironische Intensivierung des Sinnlosen, auf die Vervielfältigung der ästhetischen Wahr-

---

[46] Ebd.
[47] Ebd.
[48] Ebd. S. 191.
[49] Ebd.
[50] Ebd. S. 192.
[51] Roland Barthes: Der Tod des Autors. S. 193.

heit."[52] Zu dieser Wahrheit gehört die Popkultur der Massengesellschaft ebenso wie das Spiel mit den Grenzen des Kunstwerks und die „ironische Überbewertung"[53] ästhetischer Maßstäbe.[54] Der postmodernen Spielform liegt die Erkenntnis zugrunde, dass die Vergangenheit nicht zerstört werden kann, wie es die Avantgarde der Moderne versucht hat, sondern „auf neue Weise ins Auge gefaßt werden muß: mit Ironie, ohne Unschuld"[55], wenn die Kunst nicht vollends verstummen soll. Umberto Eco fasst die postmoderne Haltung in ein einleuchtendes Gleichnis:

> Die postmoderne Haltung erscheint mir wie die eines Mannes, der eine kluge und sehr belesene Frau liebt und daher weiß, daß er ihr nicht sagen kann: ›Ich liebe dich inniglich‹, weil er weiß, daß sie weiß (und daß sie weiß, daß er weiß), daß genau diese Worte schon, sagen wir, von Liala geschrieben worden sind. Es gibt jedoch eine Lösung. Er kann ihr sagen: ›Wie jetzt Liala sagen würde: Ich liebe dich inniglich. [...] Wenn sie das Spiel mitmacht, hat sie in gleicher Weise eine Liebeserklärung entgegengenommen. Keiner der beiden Gesprächspartner braucht sich naiv zu fühlen, beide akzeptieren die Herausforderung der Vergangenheit, des längst schon Gesagten, das man nicht einfach wegwischen kann, beide spielen bewußt und mit Vergnügen das Spiel der Ironie ...[56]

„Ironie, metasprachliches Spiel, Maskerade hoch zwei"[57] – das Beispiel Ecos verdeutlicht, dass mit dem postmodernen Spiel nicht ein *Anything Goes* gemeint sein kann, welches in der viel gescholtenen postmodernen Beliebigkeit mündet, sondern dass es auf der Bedingung beruht, „daß sich Erzähler und

---

[52] Roger Behrens: Postmoderne. S. 51.
[53] Ebd. S. 52.
[54] Zu dieser ironischen Überbewertung gehört in der Postmoderne zweifellos die Wechselbeziehung zwischen Kunst und Kitsch, wobei das Schöne bis zum Kitsch verzerrt und der Kitsch zum Schönen erhöht wird. (Vgl. Roger Behrens: Postmoderne. S. 52.) In der Postmoderne ist vorderhand *Camp* mit der „Liebe zum Übertriebenen" bezeichnend für die Ästhetik des Spielerischen zwischen Kunst und Kitsch. (Susan Sontag: Anmerkungen zu ›Camp‹. In: Kitsch. Texte und Theorien. Hrsg. von Ute Dettmar u.a. Stuttgart: Reclam 2007 (= Universal-Bibliothek Nr. 18476). S. 287.)
[55] Umberto Eco: Nachschrift zum »Namen der Rose«. S. 78.
[56] Umberto Eco: Nachschrift zum »Namen der Rose«. S. 78–79.
[57] Ebd. S. 79.

Leser jederzeit bewußt sind, daß es sich um ein Spiel handelt."[58] Soll dieses Spiel gelingen, ist es für beide Parteien obligatorisch, sich auf Spielregeln zu einigen und zu beziehen. Erst dann ist die Wiederentdeckung des Erzählens im Zeitalter der verlorenen Unschuld, in der bereits alles gesagt worden ist, möglich.[59]

2.5 Mythos im postmodernen Paradigma

Die bereits aufgezeigten Tendenzen postmoderner Literatur verweisen auf einen Funktionszusammenhang zwischen Postmodernismus und Mythos-Rezeption. Es scheint, als bereite die Postmoderne den Weg für eine Rehabilitation des Mythos, als mache sie die Weiterverarbeitung der mythischen Stoffe erneut möglich.

Bereits Leslie Fiedler fordert die „Amerikaner im Geiste"[60] dazu auf, die Pop-Formen der neuen Massenkultur wie Western und Science-Fiction als „weitere[...] Möglichkeit [zu nutzen], aus individuellem in öffentlichen oder populären Mythos zu fliehen, Träume einzusetzen, die den Graben schließen."[61] Leslie Fiedler geht es vorderhand darum, die Grenzen zwischen der Hochkultur und der postindustriellen Massenkultur zu überwinden. Dabei erscheint ihm gerade die Überwindung der Kluft „zwischen dem Wunderbaren und dem Wahrscheinlichen, zwischen dem Wirklichen und dem Mythischen"[62] als Garant dafür, die tiefen Gräben zu füllen. Allerdings geht Leslie Fiedler davon aus, dass es weniger die antiken Mythen sind, die in der postmodernen Massenkultur Einzug halten können, sondern vielmehr die neu entstandenen Pop-Formen,

---

[58] Hanns-Josef Ortheil: Texte im Spiegel von Texten. S. 30/17.
[59] Natürlich, darauf weist Eco ausdrücklich hin, ist es möglich, dass die postmoderne Ironie und der Rückgriff auf Vorhandenes missverstanden wird: „Das ist ja das Schöne (und die Gefahr) an der Ironie: Immer gibt es jemanden, der das ironisch Gesagte ernst nimmt." (Umberto Eco: Nachschrift zum »Namen der Rose«. S. 79.)
[60] Leslie A. Fiedler: Überquert die Grenze, schließt den Graben! S. 74.
[61] Ebd. S. 65.
[62] Leslie A. Fiedler: Überquert die Grenze, schließt den Graben! S. 70.

die Comic-Helden, „die Saga von Metropolis und die Mythen der unmittelbaren Zukunft"[63]. Sie werden Fiedler zufolge die antiken Mythengestalten ablösen und ihren Platz einnehmen. Als Produkte der postmodernen Maschinenkultur sind es Maschinenmythen, die ihre Entsprechung in den „Symbole[n] von Macht und Gnade für eine großstädtische, industrielle Welt, die geschäftig ihre Zukunft schmiedet"[64], finden. Mythen sollen im Sinne Fiedlers nicht mehr aus Konversationslexika, sondern aus der Gegenwart geschöpft werden. Aber kann das neu geschaffene kulturelle Vakuum wirklich nur durch postmoderne Mythen gefüllt werden? Oder ist es nicht sinnvoller, die antiken Mythen nutzbar und einer Rezeption zugänglich zu machen?

3 Mythos-Theorien in der Postmoderne: Eine Rehabilitation

3.1 Der Begriff des Mythos – eine wechselvolle Geschichte

Seit der Antike löst der Begriff des Mythos die unterschiedlichsten Reaktionen aus, von huldvoller Ehrerbietung bis hin zur vollkommenen Verachtung. Und so vielfältig die Reaktionen sind, so unmöglich ist der Versuch einer erschöpfenden Definition des Mythos.[65] In dieser Arbeit geht es jedoch nicht um die sogenannten *Mythen des Alltags*, wie sie etwa von Roland Barthes kritisch geprägt wurden.[66] Die problematische Verwendung des Mythosbegriffs durch

---

[63] Ebd.
[64] Ebd. S. 71.
[65] Vgl. Silvio Vietta: Mythos in der Moderne – Möglichkeiten und Grenzen. In: Moderne *und* Mythos. Hrsg. von Silvio Vietta u.a. München: Fink 2006. S. 11.
[66] Barthes fasst den Begriff des Mythos sehr weit: „Der geschriebene Diskurs, der Sport, aber auch die Photographie, der Film, die Reportage, Schauspiele und Reklame, all das kann Träger der mythischen Aussage sein." (Roland Barthes: Mythen des Alltags. Deutsch von Helmut Scheffel. 2. Auflage. Frankfurt a.M.: Suhrkamp 1970 (= edition suhrkamp 92). S. 86.) Für Barthes ist der Mythos weniger durch seinen Inhalt geprägt als durch eine bestimmte Form der Aussage, weswegen er den Mythos in dem Bereich der Semiologie verortet. Dabei fungiert der Mythos als sekundäres semiologisches System, welches den Sinn eines Zeichens der primären

Roland Barthes hat Thorsten Wilhelmy in seiner Untersuchung deutlich gemacht.[67] Die vorliegende Untersuchung wird eingegrenzt auf den Bereich der antiken abendländischen Mythen, eingedenk der mannigfaltigen mythischen Stoffe aus anderen Kulturkreisen der Menschheit. Betont werden muss an dieser Stelle, dass im Zentrum der Untersuchung in erster Linie die literarische und nicht die philosophische oder kulturanthropologische Arbeit am Mythos steht.[68]

Der μῦθος, der zunächst so viel wie Laut, Wort, Rede oder Erzählung bedeutet und sich besonders durch Homers heroische Epen *Ilias* und *Odyssee* sowie He-

---

semiologischen Systeme wie der Sprache parasitär als Form benutzt und „Diebstahl an einer Ausdrucksweise" begeht. (Ebd. S. 115.). Dies tut der Mythos, um einen bestimmten Begriff gegenüber dem Leser „durchzubringen" (Ebd. S. 112.). Barthes zufolge ist der Mythos ein Versuch, „Geschichte in Natur" und somit geschichtlich Gewordenes in unabänderlich Natürliches zu verwandeln. (Ebd. S. 113.) Damit hat Roland Barthes vielmehr die politischen Mythen als Ideologien im Blick, deren kritischer Diskurs insbesondere im 20. Jahrhundert hohe Konjunktur hatte.

[67] Barthes' Verwendung des Begriffes ist insofern problematisch, dass er „seinen Mythosbegriff nie im Horizont intakter mythischer Systeme verifiziert [...]. Vielmehr borgt er den Begriff von einer Stufe der Sprachverwendung, auf der der Mythos bereits verworfen war". (Thorsten Wilhelmy: Legitimitätsstrategien der Mythosrezeption. Thomas Mann, Christa Wolf, John Barth, Christoph Ransmayr, John Banville. Würzburg: Königshausen & Neumann 2004 (= Saarbrücker Beiträge zur vergleichenden Literatur- und Kulturwissenschaft 24). S. 20.) Ich folge aber nicht dem Abgrenzungsmechanismus von Wilhelmy, der sich deutlich an Ernst Cassirer und seiner Kategorisierung der mythischen Denkweise orientiert. (Vgl. ebd. S. 68.) Markus Buntfuß hat bereits darauf hingewiesen, dass Cassirer dem Mythos keine gegenwärtige Bedeutung und kein Rezeptionspotenzial einräumt und seine Deutung der gegenwärtigen Relevanz des Mythos hier ihre Grenze findet: „Er kann dem Mythos im Zuge der zunehmenden Rationalisierung kein bleibendes Recht zugestehen. [...] Für das [...] Wirkungspotential und die ungebrochene Rezeption des Mythos blieb [...]er [...] blind." (Markus Buntfuß: Mythos und Metapher bei Vico, Cassirer und Blumenberg. In: Moderne *und* Mythos. S. 73–74.) Cassirer bewertete den Mythos zwar als legitime symbolische Form archaischer Gesellschaften, schloss aber die fortschreitende Relevanz aus und hielt an dem Gegensatz von Mythos und Logos fest: „Wenn auch diese Gefühle nicht ihre Stärke verloren hatten, so hatten sie doch ihren Charakter gewechselt. Der griechische Geist ist ein vollständig logischer Geist; sein Verlangen nach Logik ist allumfassend." (Ernst Cassirer: Der Mythus des Staates. In: Texte zur modernen Mythentheorie. Hrsg. von Wilfried Barner u.a. Stuttgart: Reclam 2003 (= Universal-Bibliothek Nr. 17642). S. 42.) Der fortschreitenden Rezeption des Mythos gerecht zu werden, blieb Hans Blumenberg vorbehalten.

[68] Auf diesen Umstand verweist bereits Nicola Bock-Lindenbeck. Will man die literarische Arbeit am Mythos erforschen, so „ergibt sich die Notwendigkeit, den Begriff des Mythos neu zu definieren." (Nicola Bock-Lindenbeck: Letzte Welten – Neue Mythen. S. 1.) Ich gehe in meiner Untersuchung von der Annahme aus, dass sich Blumenbergs Mythentheorie für einen Begriff der literarischen Arbeit am Mythos am ehesten eignet.

siods *Theogonie* auszeichnet, wird bereits im 6. Jahrhundert v.Chr. als Begriff zur Distanzierung und Kritik von den vorsokratischen Philosophen verwendet.[69] Dies ist die erste Phase der Entmystifizierung. Der Mythos wird fortan zum Terminus der unwahren Erzählung und zum Kontrastbegriff des Logos. Der λόγος steht dem gegenüber für die verantwortete Rede und Rechenschaft und wird zum Garant der philosophischen Redlichkeit.[70] Im frühen Christentum wird der Mythos als „Fingiertes, Erlogenes, Widervernünftiges"[71] verurteilt und als konkurrierende heidnische Theologie zurückgewiesen. Im Mittelalter als Bildungsgut für Geistliche und Dichter erhalten, wird der Mythos fortan nur noch allegorisch gedeutet. In der Aufklärung – in der zweiten Phase der Entmystifizierung – wird die Kritik gegen den Mythos noch verschärft, werden die Mythen als Werke habgieriger und machthungriger Priester begriffen, neue Argumente treten jedoch nicht hinzu: „Bereits die Antike hat so alle zentralen Argumente gegen den Mythos ausgebildet: eine Form der Narration, im Kern unwahr, bestenfalls aber als eine frühe Form der Weltdeutung der Menschheit zu tolerieren."[72]

Erst Giambattista Vico bemüht sich mit seinem Werk *Principii di una scienza nuova d'intorno alla comune natura delle nazioni* darum, die Kenntnis um die antiken Mythen als nützlich herauszustellen, als poetisch verbürgte Geschichtsquelle der Frühzeit der Menschheit. Innerhalb seiner Bewertung kippt

---

[69] Insbesondere Xenophanes von Kolophon tadelt die „*Fabeln vergangener Zeit*" und die moralische Verwerflichkeit der anthropomorphen Dichtung. (Wilhelm Capelle: Xenophanes. In: Ders. (Hrsg.): Die Vorsokratiker. Die Fragmente und Quellenberichte. Übersetzt und eingeleitet von Wilhelm Capelle. Stuttgart: Kröner 1968 (= Kröners Taschenausgabe Band 119). S. 120.)

[70] Für Platon sind die Mythen lügenhafte Geschichten und Märchen, „[d]ie, welche Hesiod und Homer uns erzählt haben und die anderen Dichter. Denn sie ersinnen unwahre Geschichten und erzählten und erzählen sie den Menschen." (Platon: Sämtliche Dialoge. Band V. Der Staat. Hrsg. von Otto Apelt. Sechste der Neuübersetzung dritte Auflage. Leipzig: Meiner 1923 (= Philosophische Bibliothek Band 80). S. 77.)

[71] Walter Burkert u.a.: Mythos, Mythologie. In: Historisches Wörterbuch der Philosophie. Hrsg. von Joachim Ritter u.a. Band 6. Darmstadt: Wissenschaftliche Buchgesellschaft 1984. S. 283.

[72] Silvio Vietta: Mythos in der Moderne – Möglichkeiten und Grenzen. S. 16.

das geschichtliche Fortschrittsmodell zugunsten des poetischen Reichtums antiker Mythen:

> Durch das hier Gesagte wird alles gestürzt, was bisher über den Ursprung der Dichtung geäußert worden ist, [...] es hat sich gezeigt, daß die Dichtung so erhaben entstand, weil die Klarheit der menschlichen Vernunft mangelte, und daß späterhin durch die Philosophie, durch Kunstlehre, Poetik und Kritik, und zwar gerade infolge dieser, keine ebenbürtige, geschweige eine größere hervorgebracht wurde [...].[73]

Doch erst in der Romantik erfährt der Begriff des Mythos eine erste Hochphase im Sinne einer Remythisierung. Johann Gottfried Herder und die Romantik knüpfen dabei an Vico an. Ein neues Interesse an der Mythologie wird spürbar, die Romantiker entwickeln ein „Konzept des aufgeklärten Umgangs mit Mythos und Religion".[74] Chr. G. Heyne legt die Grundlagen für einen wissenschaftlichen Umgang mit dem Mythos und schafft die Rahmenbedingungen für ein Fachgebiet namens Mythologie.[75] Wider den Versuch einer Verwissenschaftlichung bleiben spekulative Reminiszenzen und der Glaube an den Mythos als Volksschöpfung, wie ihn die Gebrüder Grimm propagieren, erhalten. Trotz des Bruches mit der mythischen Tradition hoffen die Romantiker wie Friedrich Schlegel und Novalis auf eine Art Remythisierung, um die Bedeutung der mythischen Stoffe für die Dichtung neu zu generieren. Dies bedeutet, den

---

[73] Giambattista Vico: Die neue Wissenschaft über die gemeinschaftliche Natur der Völker. Nach der Ausgabe von 1744 übersetzt und eingeleitet von Erich Auerbach. Berlin: De Gruyter 1965. S. 159.

[74] Silvio Vietta: Mythos in der Moderne – Möglichkeiten und Grenzen. S. 18.

[75] Zentral hierfür ist *Die Götterlehre* von Karl Philipp Moritz. Selbiger wollte die Mythen der Antike „als eine Sprache der Phantasie" verstanden wissen. (Karl Philipp Moritz: Gesichtspunkt für die mythologischen Dichtungen. In: Ders.: Werke in zwei Bänden. Hrsg. von Heide Hollmer u.a. Band 2. Popularphilosophie. Reisen. Ästhetische Theorie. Frankfurt a.M.: Deutscher Klassiker Verlag 1997 (= Bibliothek deutscher Klassiker 145). S. 1049.) Die Deutungen sollten dabei zunächst im Hintergrund stehen, es ging ihm vorderhand um Erkenntnisinteresse, denn um die Mythen nicht „zu verderben, ist es nötig, sie zuerst, ohne Rücksicht auf etwas, das sie bedeuten sollen, grade so zu nehmen *wie sie sind,* und soviel wie möglich mit einem Überblick das Ganze zu betrachten" (ebd. S. 1050.).

„Mythos quasi als poetisches Produkt dichten zu können, […] als ein Produkt der poetischen Subjektivität."[76] Friedrich Schlegel macht die romantische Position in seinem *Gespräch über die Poesie* deutlich. Für Schlegel „fehlt [es der] […] Poesie an einem Mittelpunkt, wie es die Mythologie für die der Alten war".[77] Die neue Mythologie muss als „das künstlichste aller Kunstwerke"[78] dem Geist entspringen und zur neuen Quelle der Poesie werden. Schlegel ersinnt eine Mythologie, die allumfassend und chaotisch ihre produktive Kraft über alle Bereiche der Poesie erstreckt, in der „alles [ineinander] greift […], und überall […] ein und derselbe Geist nur anders ausgedrückt [ist]."[79] Er hofft auf eine poetisch initiierte Neugewinnung der Einheit von Geist und Sinnlichkeit und damit des Höchsten durch die Mythologie als „ein solches Kunstwerk der Natur."[80] Eine ähnliche Hoffnung auf Vereinigung legt Friedrich Hölderlin in den Mythos, wenn auch auf dem Gebiet der Religion.[81]

Nach einer Phase der Rationalisierung des Diskurses um den Mythos, insbesondere auf dem Gebiet der Ethnologie und der Volkspsychologie, kommt es gegen Ende des 19. Jahrhunderts insbesondere durch Richard Wagner und Friedrich Nietzsche zu einer Renaissance der romantischen Deutung des Mythos. Die Grundbedingung für Leben, Kultur und selbst den Staat wird der Mythos, womit er „eine kritische Funktion gegenüber der an Fortschritt und Wis-

---

[76] Silvio Vietta: Mythos in der Moderne – Möglichkeiten und Grenzen. S. 19.
[77] Friedrich Schlegel: Gespräch über die Poesie. In: Ders.: Werke in zwei Bänden. Zweiter Band. Ausgewählt und eingeleitet von Wolfgang Hecht. 1. Auflage. Berlin u.a.: Aufbau-Verlag 1980 (=Bibliothek Deutscher Klassiker). S. 159.
[78] Ebd.
[79] Ebd. S. 160.
[80] Friedrich Schlegel: Gespräch über die Poesie. S. 164.
[81] Hölderlin sinnt über die Vereinigung aller Religionen zu einer einzigen Religion nach, „wo jeder sein höheres Leben und alle ein gemeinschaftliches höheres Leben, die Feier des Lebens mythisch feiern" können. (Friedrich Hölderlin: Über Religion. In: Ders.: Sämtliche Werke und Briefe in drei Bänden. Hrsg. von Jochen Schmidt. Band 2. Hyperion. Empedokles. Aufsätze. Übersetzungen. Frankfurt a.M.: Deutscher Klassiker Verlag 1994 (=Bibliothek deutscher Klassiker 108). S. 568–569.) Das Mythische bildet hierbei das Ganze und die Verschmelzung von Selbstständigkeit und Einheit, „so daß die religiösen Verhältnisse in ihrer *Vorstellung* weder intellektuell noch historisch, sondern intellektuell historisch" sind. (Ebd. S. 568.)

senschaft orientierten, in Wahrheit aber kulturlosen Gegenwart"[82] einnimmt. Diese spezifische Deutung unmittelbar lebensweltlicher Relevanz des Mythos mündet in der nationalsozialistischen Rassenideologie und im Missbrauch mythischer Stoffe für ebendiese Zwecke.[83] Die Diskussion um den Mythos im 20. Jahrhundert wird unter dem Eindruck des Schreckens, den die Grausamkeit des Holocausts und die Zerstörungsgewalt des Zweiten Weltkrieges auslöst, fortgeführt.[84] In diesem Zusammenhang steht die Frage nach der Wirkung moderner Mythen und der Fortwirkung der antiken Mythen – ist das Projekt Aufklärung gescheitert und liegt in dem Wiederaufleben der Barbarei, die man überwunden glaubte, nicht eine Dialektik, die Mythos und Aufklärung unauflösbar miteinander verbindet?

3.2 Im Spiegel der Aufklärung reflektiert der Mythos: *Dialektik der Aufklärung* (1947)

> Nichts ist sich selber in dieser Welt, alles ist Lüge. Wenn wir Gesetz sagen, meinen wir Macht; sprechen wir das Wort Macht aus, denken wir an Reichtum, und kommt das Wort Reichtum über unsere Lippen, so hoffen wir, die Laster der Welt zu genießen. Das Gesetz ist das Laster, das Gesetz ist der Reichtum, das Gesetz sind die Kanonen, die Trusts, die Parteien; was wir auch sagen, nie ist es

---

[82] Walter Burkert u.a.: Mythos, Mythologie. S. 299.

[83] Bezeichnend sind dafür Houston Steward Chamberlains *Grundlagen des 19. Jahrhunderts*, die mit ihren pangermanischen und antijüdischen Tendenzen zum antisemitischen Standardwerk der NS-Ideologie avancierten. Chamberlain beklagt die Selbstentfremdung der Germanen von ihrem „bessere[n] Teil", von ihren „mystischen Regungen, [...] [ihrer] Glaubenskraft, [...] [ihrem] Bedürfnis nach Idealen". (Houston Steward Chamberlain: Gesamtausgabe seiner Hauptwerke in neun Bänden. Zweiter Band. Grundlagen des 19. Jahrhunderts. Erste Hälfte. 14. Auflage. München: Bruckmann 1923. S. 565.) Den Ariern stellt Chamberlain die Juden gegenüber und bezeichnet sie als „geborene Rationalisten" mit „spärlichen mythisch-religiösen Vorstellungen". (Ebd. S. 241–242.)

[84] Wolfgang Emmerich weist darauf hin, dass, „[i]ndem das NS-Regime, um seine Massenverbrechen zu legitimieren, in heilloser Weise deutsche, aber auch antike Mythen instrumentalisierte und generell eine (vermeintlich) mythische Welthaltung favorisierte, [...] es den Mythos und das Mythische für Jahrzehnte diskreditiert, ja mehr als das: aus dem öffentlichen Bewusstsein verdrängt [hat]." (Wolfgang Emmerich: Entzauberung - Wiederverzauberung. S. 411.)

unlogisch, es sei denn der Satz, das Gesetz sei das Gesetz, der allein die Lüge ist. Die Mathematik lügt, die Vernunft, der Verstand, die Kunst, sie alle lügen.[85]

Edith Marlok, Lagerhäftling im Vernichtungslager Stutthof und Assistentin des sadistischen Lagerarztes Emmenberger, drückt in Friedrich Dürrenmatts *Der Verdacht* die Desillusionierung aus, die im Antlitz der Barbarei von Shoa und Weltkrieg herrscht. Die Aufklärung, die fast drei Jahrhunderte das kulturelle und geistige Schaffen der westlichen Hemisphäre bestimmt hat, zerschmettert an der Grausamkeit des 20. Jahrhunderts.

Max Horkheimer und Theodor W. Adorno gehen der Frage nach, wie es zu dem Rückfall in die Barbarei kommen konnte. Dabei folgt die *Dialektik der Aufklärung* nicht dem am Fortschrittsgedanken orientierten Schema *Vom Mythos zum Logos*[86], sondern „die Mythen, die der Aufklärung zum Opfer fallen, waren selbst schon deren eigenes Produkt."[87] Der kritische Blick auf das Projekt Aufklärung als das Projekt der Moderne fällt insbesondere auf den Bereich der instrumentellen Vernunft, der sich dialektisch gegen die Aufklärung selbst wendet:

[D]er Verstand, der den Aberglauben besiegt, soll über die entzauberte Natur gebieten. Das Wissen, das Macht ist, kennt keine Schranken, weder in der Ver-

---

[85] Friedrich Dürrenmatt: Der Verdacht. Diogenes: Zürich 1985. S. 84–85.

[86] Ins Spiel gebracht wurde dieses geflügelte Wort als Kennzeichen für die griechische Denkungsart übrigens von Wilhelm Nestle in seinem gleichnamigen Werk. (Vgl. Wilhelm Nestle: Vom Mythos zum Logos. Die Selbstentfaltung des griechischen Denkens von Homer bis auf die Sophistik und Sokrates. 2. Auflage. Stuttgart: Kröner 1942.) Er betont in der Einleitung: „Mythos und Logos – damit bezeichnen wir die zwei Pole, zwischen denen das menschliche Geistesleben schwingt." (Ebd. S. 1.) Die Griechen hat Nestle als dasjenige Volk auserkoren, bei dem diese Entwicklung vom Mythos zum Logos am deutlichsten hervorträte. (Vgl. ebd. S. 6.) Trotz Nestles Zugeständnis, dass der Mythos poetisch fortwirke, sei die fortschrittsorientierte Entwicklung zum Logos unumgänglich, „ebenso [...] wie im Leben des einzelnen Menschen das Hinauswachsen über die kindliche Vorstellungswelt" (ebd. S. 20.).

[87] Max Horkheimer; Theodor W. Adorno: Dialektik der Aufklärung. S. 14. – Zu dieser Einsicht gelangt auch später Arnold Gehlen als Vertreter der philosophischen Anthropologie: „Der Mythos ist selber Logos, und was ihn tötet, ist nicht die steigende Rationalität, sondern das entstehende historische Bewußtsein." (Arnold Gehlen: Urmensch und Spätkultur. Philosophische Ergebnisse und Aussagen. 6., erweiterte Auflage. Frankfurt a.M.: Klostermann 2004 (=KlostermannSeminar 4). S. 258.)

sklavung der Kreatur noch in der Willfährigkeit gegen die Herren der Welt. [...] Was die Menschen von der Natur lernen wollen, ist, sie anzuwenden, um sie und die Menschen vollends zu beherrschen. Nichts anderes gilt. Rücksichtslos gegen sich selbst hat die Aufklärung noch den letzten Rest ihres eigenen Selbtbewußtseins ausgebrannt. Nur solches Denken ist hart genug, die Mythen zu zerbrechen, das sich selbst Gewalt antut.[88]

In das Zentrum der Kritik gerät vorderhand die Totalität, mit der die Aufklärung (im weitesten Sinne seit den Vorsokratikern) gegen alles vorgeht, „[w]as dem Maß von Berechenbarkeit und Nützlichkeit sich nicht fügen will".[89] Gegen den Pluralismus lässt die Aufklärung nur das gelten, was sich in ein System einordnen lässt. Doch der Mythos selbst ist bereits Bestandteil der Aufklärung, so die Einsicht Horkheimers und Adornos, denn er will schon aufzeichnen, berichten und erklären. Die antiken Mythen selbst sind bereits Bestandteil der menschengemachten Unterwerfung der Welt, „[a]n die Stelle der lokalen Geister und Dämonen war der Himmel und seine Hierarchie getreten".[90] Mit der selbstauferlegten Unterwerfung des Menschen unter ein göttliches Prinzip schwindet jedoch auch die Distanz und es „sinkt die Scheidung von Gott und Mensch zu jener Irrelevanz herab"[91], die man Anthropomorphismus nennt. Die Ratio wird zum obersten Prinzip erklärt, der menschliche Verstand entfremdet sich als instrumentelle Vernunft von der Natur und gebietet fortan über sie. Die Möglichkeit der Manipulation der Natur, die von der Vernunft nur noch als Objekt wahrgenommen wird, ist das einzig verbleibende Bindeglied zwischen Mensch und Natur. Dem aufgeklärten Mythos stellt die *Dialektik der Aufklärung* die animistischen Riten gegenüber, die sich an die Heterogenität des Daseins wenden: „Die Riten des Schamanen wandten sich an den Wind, den Regen, die Schlange draußen oder den Dämon im Kranken, nicht an Stoffe

---

[88] Max Horkheimer; Theodor W. Adorno: Dialektik der Aufklärung. S. 10.
[89] Ebd. S. 12.
[90] Ebd. S. 14.
[91] Ebd. S. 15.

oder Exemplare."[92] Doch der Weg der archaischen Riten zum Mythos und letztlich zur instrumentellen Vernunft ist unweigerlich. Die Zauberei als mimetischer Versuch der Weltbeherrschung schlägt um in die reale Weltbeherrschung.[93] Den Prozess der Aufklärung hat der Mythos selbst in Gang gesetzt, die unabänderlichen Orakelsprüche und die Schicksale der Götterhierarchien schreiten in den rationalistischen Systemen und der alles beherrschenden Logik als ihrem obersten Prinzip fort.

Doch „[w]ie die Mythen schon Aufklärung vollziehen, so verstrickt Aufklärung mit jedem ihrer Schritte tiefer sich in Mythologie."[94] Wie vollzieht sich diese Wendung? Die alles verzehrende Aufklärung vertilgt nach den Symbolen auch die Allgemeinbegriffe, so dass zum Schluss nur noch „die abstrakte Angst vor dem Kollektiv"[95] übrig bleibt. Die Aufklärung lässt dabei das dialektische – im Sinne Horkheimers und Adornos das selbstreflexive und vor der Lüge schützende – Prinzip vermissen. Als totalitäres System mathematisiert die Aufklärung die Welt. Die Gleichsetzung von Denken und Mathematik führt zur Verabsolutierung dieser. Letztlich wird das Denken des Menschen „zu einem selbsttätig ablaufenden, automatischen Prozeß, der Maschine nacheifernd, die er selber hervorbringt, damit sie ihn schließlich ersetzen kann."[96] Nachdem das Denken zu einem Werkzeug geworden ist, dessen Bannkreis sich allein durch den Bereich der Naturbeherrschung definiert, wird auch das Subjekt vernichtet.[97] Der mathematische Formalismus führt dazu, dass am Unmittelbaren festgehalten wird und der Gedanke zur Tautologie gerinnt. Dies ist der dialektische Umschlag in den Mythos: „Denn Mythologie hatte in ihren Gestalten

---

[92] Ebd.
[93] Vgl. Max Horkheimer; Theodor W. Adorno: Dialektik der Aufklärung. S. 17.
[94] Ebd. S. 18.
[95] Ebd. S. 29.
[96] Ebd. S. 31.
[97] Vgl. ebd. S. 32–33.

die Essenz des Bestehenden: Kreislauf, Schicksal, Herrschaft der Welt als die Wahrheit zurückgespiegelt und der Hoffnung entsagt."[98]

Dies hat, so die Folgerung von Horkheimer und Adorno, gravierende Auswirkungen auf die gesellschaftliche Entwicklung. Das gesellschaftliche Unrecht wird zur Tatsache, das Subjekt wird als Bestandteil eines Kollektivs zum Objekt degradiert.[99] Das Individuum wird nach dem Vorbild der technischen Apparatur umgeformt. Nachdem das Denken und mit ihm auch die Vernunft zum Werkzeug wurde, wird das Subjekt in dem technischen Prozess ebenfalls zum Werkzeug, „die letzte unterbrechende Instanz zwischen individueller Handlung und gesellschaftlicher Norm [ist] beseitigt."[100] Das gesellschaftliche Miteinander nimmt einen Zwangscharakter an, der nur noch zwischen Überleben und Niedergang entscheiden lässt. Aufklärung generiert zur Herrschaft, als Entscheidung zwischen der Unterwerfung der Natur und unter die Natur. Die „Ausbreitung der bürgerlichen Warenwirtschaft"[101] wird zum Garant des Erfolges der neuen Barbarei[102], die den Zwang zur gesellschaftlichen Herrschaft über die Natur inthronisiert. Die gesellschaftliche Arbeitsteilung sowie die voranschreitende Technisierung fixieren nicht nur die Instinkte durch selbstauferlegte Unterdrückung, sondern lassen auch die Phantasie verkümmern, vor al-

---

[98] Ebd. S. 33.
[99] Dabei gilt „[d]as mythische Grauen der Aufklärung [...] dem Mythos", also vor allem dem, was nicht in den Zweckzusammenhang ihrer Selbsterhaltung eingeordnet werden kann. (Max Horkheimer; Theodor W. Adorno: Dialektik der Aufklärung. S. 35.)
[100] Max Horkheimer; Theodor W. Adorno: Dialektik der Aufklärung. S. 36.
[101] Ebd. S. 38.
[102] In dem Exkurs *Odysseus oder Mythos und Aufklärung* wird Odysseus als moderner Mensch, als Bürger identifiziert, als das „Urbild [...] des bürgerlichen Individuums", welches die Stadien der bürgerlichen Subjektentwicklung durchlebt und dessen Ziel die Naturbeherrschung ist. (Max Horkheimer; Theodor W. Adorno: Dialektik der Aufklärung. S. 50.) So kann die Odyssee als Abenteuerroman gelesen werden, in dem der Gegensatz zwischen dem einen überlebenden Ich und dem mythischen Schicksal herrscht. Die List als odysseische Fähigkeit wird in der Lesart der *Dialektik der Aufklärung* zum „Organ des Selbst, Abenteuer zu bestehen, sich wegzuwerfen, um sich zu behalten". (Ebd. S. 55) Odysseus fordert als Spötter der Götter das Schicksal heraus und gewinnt, indem er sich kraft Ratio das Irrationale zum Mittel macht, um seine Zwecke zu verfolgen. List und Betrug werden zu seinen Erfolgsfaktoren: „Der listige Einzelgänger ist schon der homo oeconomicus, dem einmal alle Vernünftigen gleichen: daher ist die Odyssee schon eine Robinsonade." (Ebd. S. 69.)

lem aber führt der Zwang zur Einstimmigkeit zu einer „Verarmung des Den-kens".[103] In diesem Spannungsfeld zwischen Selbstbeherrschung und Herr-schaft wird der Mensch zum bloßen Gattungswesen, zum Kollektivwesen de-gradiert, dessen Qualitäten zu Funktionen degenerieren.[104]

Das Denken verliert in solch einer Gesellschaft, in der die logische Notwendig-keit nicht Wahrheit, sondern lediglich Herrschaft bedeutet, die Gabe der Re-flexion: „[D]ie Maschinerie verstümmelt die Menschen heute, selbst wenn sie sie ernährt."[105] Das dialektische Prinzip tritt in brutalster Weise zutage, wenn die Vernunft angesichts gesellschaftlicher Gewalt obsolet wird, während sich der Mensch der Naturgewalt mehr und mehr entzieht. Die Selbstaufhebung der Aufklärung hat sich schließlich vollzogen, wenn sich die „Preisgabe des Denkens"[106] erfüllt hat.

3.3 Die *Arbeit am Mythos* (1979) als Arbeit am Mythos

3.3.1 Der Mythos als Urstoff des menschlichen Erzählens

> Noch bis jetzt ist über diese Dinge nichts Entschiedenes ausgemacht worden, und ich werde mich auch wohl hüten, euch alle die Deutungen mitzuteilen, die man von jeder der einzelnen Sagen versucht hat. Diese Märchen sind einst von Dichtern zu und vor Homers Zeiten als Volkslieder gesungen worden, und die Hörer haben sich an dem Abenteuerlichen und Seltsamen der Dichtungen vergnügt, ohne sich viel um die Wahrheit oder um den Ursprung jeder einzel-nen Geschichte zu kümmern. So, denke ich, sollt auch ihr sie hören, und wenn sie eure Neugier nur auf einige Augenblicke spannen und eure Einbildungskraft angenehm beschäftigen, so ist das Wirkung genug.[107]

---

[103] Max Horkheimer; Theodor W. Adorno: Dialektik der Aufklärung. S. 42.
[104] Vgl. ebd. S. 43.
[105] Ebd. S. 44.
[106] Max Horkheimer; Theodor W. Adorno: Dialektik der Aufklärung. S. 47.
[107] Reinhold Hofmann (Hrsg.): Karl-Friedrich Beckers Erzählungen aus der alten Welt für die Jugend. Mit Bildern von Friedrich Preller. Neue, wohlfeile Ausgabe in drei Teilen. Dritter Teil.

Während die *Dialektik der Aufklärung* versucht, durch das selbstreflexive Moment der Kritik an der instrumentellen Vernunft die Aufklärung zu retten, gibt es solch eine Kritik in Hans Blumenbergs *Arbeit am Mythos* nicht.[108] Es ist vielmehr so, dass „Blumenberg seine *Arbeit am Mythos* als ein Gegenstück, als eine polemische Antwort auf die *Dialektik der Aufklärung* [versteht]."[109] Hans Blumenberg lässt im Gegensatz zu Horkheimer und Adorno den ästhetischen Blick auf den mythischen Stoff gelten und bereitet die Rehabilitierung des Mythos und des mythischen Erzählens in der Postmoderne vor.[110] Hatte die *Dialektik der Aufklärung* den Mythos wieder zum Thema gemacht, so wird ebendieser in der *Arbeit am Mythos* zum legitimen Objekt ästhetischer Erfahrung rehabilitiert.

Blumenberg betrachtet die mythischen Erzählungen zunächst von ihrer funktionalen Seite her, was wohl auch die einzige Möglichkeit ist, sich überhaupt ihren Ursprüngen zu nähern.[111] Mythen verfolgen die Überwindung des „Absolutismus der Wirklichkeit"[112], also die Überwindung der Furcht vor der Tatsache, dass der Mensch die Bedingungen seines Daseins nichts selbst in der Hand hat. Mythen fungieren als existenzielle Vertreibung der Furcht des Menschen

---

Kleinere griechische Erzählungen nach Virgil, Apollonius, Rhodius und andern Dichtern der Alten. 9. Auflage. Leipzig: Gebhardt 1912. S. 77–78.

[108] Vgl. Hans Blumenberg: Arbeit am Mythos. Frankfurt a.M.: Suhrkamp 2006 (= suhrkamp taschenbuch wissenschaft 1805). S. 183.

[109] Christoph Jamme: »Gott an hat ein Gewand«. Grenzen und Perspektiven philosophischer Mythos-Theorien der Gegenwart. Frankfurt a.M.: Suhrkamp 1999 (=suhrkamp taschenbuch wissenschaft 1433). S. 100.

[110] Sicherlich stimmt Blumenberg mit Horkheimer und Adorno in Vielerlei überein. Auch die Arbeit am Mythos macht deutlich: „Der Mythos selbst ist ein Stück hochkarätiger Arbeit des Logos." (Hans Blumenberg: Arbeit am Mythos. S. 18.) Dieser Umstand darf aber nicht darüber hinwegtäuschen, dass Hans Blumenberg die Fortexistenz des Mythos – aus einer ästhetischen Perspektive – grundlegend positiv betrachtet. Der ästhetische Blick Blumenbergs ist ein anderer als der kritische Blick der Dialektik der Aufklärung. Man darf die Linie von der Dialektik der Aufklärung zur Arbeit am Mythos nicht allzu leichtfertig ziehen, denn „Adorno/Horkheimer sprechen [...] keineswegs einer Aufwertung des Mythischen im Sinne eines Irrationalen oder einer Gegenaufklärung das Wort: Die Verformungsentwicklung der Aufklärung, das Grundthema der 'Dialektik der Aufklärung', wird als unheilvoll beschrieben." (Sabine Georg: Modell und Zitat. Mythos und Mythisches in der deutschsprachigen Literatur der 80er Jahre. Aachen: Shaker 1996 (= Sprache & Kultur). S. 37.)

[111] Vgl. Thorsten Wilhelmy: Legitimitätsstrategien der Mythosrezeption. S. 21.

[112] Hans Blumenberg: Arbeit am Mythos. S. 9.

gegenüber der unverständlichen, unerschließbaren und eigenmächtig wirkenden Umwelt: „Geschichten werden erzählt, um etwas zu vertreiben. Im harmlosesten, aber nicht unwichtigsten Falle: die Zeit. Sonst und schwererwiegend: die Furcht."[113] Die mythische Erzählung ist somit der Urstoff menschlichen Erzählens und „eine Ausdrucksform dafür, daß der Welt und den in ihr waltenden Mächten die reine Willkür nicht überlassen ist."[114] Dabei ist die Benennung der Umwelt von größtem Wert: Der Einbruch der Namen in das Chaos markiert die Etablierung einer menschlichen Ordnung.

Urmythen im engeren Sinne gibt es jedoch nicht.[115] Es lassen sich keine unter legitimer Autorschaft stehenden Urgeschichten ausmachen, und ebenso wenig gibt es einen lokalisierbaren Ursprung der Mythen, selbst im funktionalen Sinne nicht: „Hat der Mythos die Schrecknisse in einer unvertrauten Welt, die er vorfand, zu Geschichten aufgearbeitet oder hat er die Schrecken erzeugt, für die er dann auch Linderungen anzubieten hatte?"[116] Blumenberg widerspricht jeder eindeutigen Zuordnung des Mythos, insbesondere im Zusammenhang mit dem von der Aufklärung propagierten Weg *Vom Mythos zum Logos.*[117] Blumenbergs Folgerung ist hingegen eindeutig: Die nicht zu überwindende Ungeklärtheit der Mythenherkunft macht es sinnlos, sich über ihren Ursprung zu streiten.[118] Wer sollte die Urheberschaft für sich beanspruchen können? Somit wird Blumenbergs eigenes ästhetisches Programm evident, die *Arbeit am Mythos* wird zum notwendigen Programm der mythischen Erzähltradition, was eine schier endlose Rezeptionsgrundlage schafft:

---

[113] Ebd. S. 40.
[114] Ebd. S. 50.
[115] Vgl. hierzu auch Christoph Jamme: »Gott an hat ein Gewand«. S. 175.
[116] Hans Blumenberg: Arbeit am Mythos. S. 53.
[117] Vgl. Hans Blumenberg: Wirklichkeitsbegriff und Wirkungspotential des Mythos. In: Terror und Spiel. Probleme der Mythenrezeption. Hrsg. von Manfred Fuhrmann. München: Fink 1971 (= Poetik und Hermeneutik. Forschungsergebnisse einer Arbeitsgruppe IV). S. 51. Vgl. ebd. S. 65.
[118] Vgl. ebd. S. 28.

So sicher es ist, daß Mythen erfunden worden sind, obwohl wir keinen Erfinder und keinen Augenblick der Erfindung kennen, wird doch diese Unkenntnis zum Indiz dafür, daß sie zum Bestand des Uralten gehören müssen und alles, was wir kennen, schon in die Rezeption eingegangener Mythos ist. Die Arbeit des Mythos muß man schon im Rücken haben, um der Arbeit am Mythos nachzugehen[119].

Dabei ist es (auch für diese Untersuchung) evident, dass Hans Blumenberg die Arbeit am Mythos als ästhetisches Phänomen bewertet und dem von der Anthropologie her zugewiesenen Funktionalismus der Furchtbekämpfung die Alleinherrschaft entzieht. Gegen die funktionale Eindeutigkeit des Mythos spricht „die Beobachtung seiner schwebenden Freiheit, seines phantastischen Wuchses".[120] Entscheidend für die ästhetische Rezeption des Mythos ist die „Distanz des Zuhörers und Zuschauers"[121], Blumenberg wertet den Mythos weniger als Glauben denn als ästhetischen Genuss. Der Mythos wird in dieser Lesart zum ästhetischen Spiel ohne Dogma, worin sein rezeptiver Reiz besteht.[122] Doch der Mythos kann die ursprüngliche Angst nicht verbergen, die im mythischen Spiel der Rezeption stets mitschwingt.[123] So ist auch der ästhetische und damit der literarisierte Mythos nicht frei von der Ambivalenz von Furcht und Spiel, die in der Postmoderne fortwirkt.

3.3.2 Der Mythos im unendlichen Rezeptionszusammenhang

Wie bewährt und bewahrt sich der Mythos angesichts einer schier unüberblickbaren Rezeptionskette? Die Antwort liegt in der ikonischen Konstanz, in der Bewahrung eines narrativen Kernbestandes.[124] Folgt man Blumenberg, so

---

[119] Hans Blumenberg: Arbeit am Mythos. S. 294.
[120] Hans Blumenberg: Wirklichkeitsbegriff und Wirkungspotential des Mythos. S. 14.
[121] Ebd. S. 17.
[122] Vgl. ebd. S. 18.
[123] Vgl. ebd. S. 24.
[124] Vgl. Hans Blumenberg: Arbeit am Mythos. S. 165.

zeigt der Rückblick auf die Genealogie der mythischen Erzählungen das archaische Alter und die Stabilität bestimmter mythischer Stoffelemente: „Die Konstanz seines Kernbestandes läßt den Mythos als erratischen Einschluß noch in Traditionszusammenhängen heterogener Art auftreten."[125] Die Konsequenz dieser Feststellung ist, dass man den wie auch immer gearteten Grundmythos niemals als Urmythos bezeichnen kann. Der Grundmythos ist vielmehr das „Bleibende, das den Rezeptionen und Erwartungen genügen konnte."[126] Die Vitalität des Mythos schöpft ihre Kraft und das Potenzial unterschiedlicher Aussageansprüche aus den unterschiedlichen Fassungen, die wiederum den Ausgangspunkt für die weitere Beschäftigung und Rezeption darstellen: „[A]lle Fassungen [sind] konstitutive Elemente des einen Mythos"[127]. Ein propagiertes Zuendebringen des Mythos ist insofern unmöglich und kann nicht intendiert sein, da sich kein Autor zu dem Anspruch emporzuschwingen vermag, einen letzten, *den* letzten Mythos hervorzubringen. Dieser Anspruch, der „nicht ruhen läßt, es dem Muster gleich zu tun, den von ihm gesetzten Standard zu halten oder gar zu überbieten"[128], kann selbst immer nur wieder Mythos-Rezeption provozieren.[129]

3.3.3 Die obsolete Urheberinstanz des Autors

Das Mythologem als kleinste konstitutive Stoffeinheit des Mythos ist Garant für die Beständigkeit mythischer Geschichten, sofern es ikonisch konstant ist. Somit bedarf es keiner Autorinstanz zur Bewahrung innerhalb des ritualisierten Kernbestandes:

---

[125] Ebd.
[126] Ebd. S. 192.
[127] Ebd. S. 301.
[128] Ebd. S. 319.
[129] Vgl. Hans Blumenberg: Wirklichkeitsbegriff und Wirkungspotential des Mythos. S. 58.

Das Mythologem ist ein ritualisierter Textbestand. Sein konsolidierter Kern widersetzt sich der Abwandlung und provoziert sie auf der spätesten Stufe des Umgangs mit ihm, nachdem periphere Variation und Modifikation den Reiz gesteigert haben, den Kernbestand unter dem Druck der veränderten Rezeptionslage auf seine Haltbarkeit zu erproben und das gehärtete Grundmuster freizulegen.[130]

Die Existenz eines legitimen Autors der tradierten Mythen wäre geradezu kontraproduktiv. Ein Autor, der eine einheitliche und abschließende Fassung des Mythos vorlegen würde, hätte die Unmöglichkeit der konstruktiven Fortentwicklung der mythischen Stoffelemente zur Folge. Der Tod des Mythos wäre der Preis für das Leben des Autors. Dieser Preis wäre zu hoch: „Am Ende haben wir ein Indiz für die ›Wirkungsgeschichte‹ nur im blanken Überleben des Werks, im schlichten Sachverhalt, daß es nicht in der Masse des Vergessenen untergegangen ist."[131]

Dies ist der Kristallisationspunkt postmoderner Literatur und der Mythos-Rezeption. Der postmoderne Tod des Autors kreuzt sich mit dem mythischen Autorenkollektiv eines unendlichen Rezeptionszusammenhanges. Christoph Ransmayrs *Die letzte Welt* muss als postmoderner Bestandteil dieser Wirkungsgeschichte des Mythos und als mythisches Revitalisierungsprojekt durch die Rückführung des Kunstmythos zum Grundmythos[132] verstanden werden.

Ausgehend von der *Dialektik der Aufklärung* und der *Arbeit am Mythos*, steht der Roman mit seiner literarischen Arbeit am Mythos im Spannungsfeld dieser beiden Kraftpole. Es wird sich zeigen müssen, wie Ransmayr dem kritischen Anspruch der *Dialektik der Aufklärung* „in einer Zeit der verlorenen Unschuld"[133] einerseits und der poetischen Freiheit des Fortdichters antiker Mythenstoffe der *Arbeit am Mythos* andererseits gerecht wird. Somit befindet

---

[130] Hans Blumenberg: Arbeit am Mythos. S. 165–166.
[131] Ebd. S. 189–190.
[132] Vgl. ebd. S. 192–238.
[133] Umberto Eco: Nachschrift zum »Namen der Rose«. S. 79.

sich *Die letzte Welt* auf einer Gratwanderung zwischen einer profanen und einer kritischen Haltung gegenüber mythischen Stoffen.

4 *Die letzte Welt* (1988) als Mythos-Rezeption in der Postmoderne

4.1 *Die letzte Welt* als Rehabilitierung mythischen Erzählens und als Kollektivierung der Autorschaft

4.1.1 Die Zerstörung der einheitlichen Schrift

Begreift man das mündliche Erzählen als das originär mythische Erzählen, so ist die Grundlage des Mythischen nicht primär die Schrift, sondern die Sprache.[134] Christoph Ransmayrs Roman, der Ende der 1980er Jahre große Erfolge feiern konnte und von Kritik wie Publikum gleichermaßen gelobt wurde, hat ein Übersetzungsprojekt mythischer Dichtung zum Ursprung.[135] Der Herausgeber der *Anderen Bibliothek,* Hans Magnus Enzensberger, hatte Ransmayr damit betraut, die *Metamorphosen* von Ovid in einer zeitgemäßen Form zu erzählen.[136] Aus diesem Vorhaben erwuchs die Idee zur *Letzten Welt,* zu einem

---

[134] Vgl. Christoph Jamme: »Gott an hat ein Gewand«. S. 175–224. Jamme zufolge hat das Mythische als ritualisiertes mündliches Erzählen allein die menschliche Sprache zur Grundlage, während der Mythos sich durch die Entstehung der Schrift entwickelt. Die Abspaltung von der Religion durch Hesiod, Homer und nicht zuletzt durch Ovid verlegt das mythische Erzählen vollkommen in den Bereich der Dichtung.

[135] Vgl. Barbara Vollstedt: Ovids „Metamorphoses", „Tristia" und „Epistulae ex Ponto" in Christoph Ransmayrs Roman „Die letzte Welt". Paderborn u.a.: Schöningh 1998 (= Studien zur Geschichte und Kultur des Altertums 13). S. 25–28.

[136] Einen Vorgeschmack dieser Prosaisierung der mythischen Gedichte findet man in Hans Magnus Enzensbergers unter dem Pseudonym Andreas Thalmayr herausgegebenem Sammelband *Das Wasserzeichen der Poesie oder Die Kunst und das Vergnügen, Gedichte zu lesen.* Der Abschnitt aus den *Metamorphosen,* in dem der kretische König Minos den Baumeister Daedalus beauftragt, das Labyrinth des Minotaurus zu bauen, wird von Ransmayr in eine Prosaform übertragen. Von einer Übersetzung kann man aber auch hier keinesfalls mehr sprechen, sondern wie bei der *Letzten Welt* von einem eigenständigen literarischen Text. (Vgl. Christoph Ransmayr: Das Labyrinth. In: Das Wasserzeichen der Poesie oder Die Kunst und das Vergnügen, Gedichte zu lesen. In hundertvierundsechzig Spielarten vorgestellt von Andreas Thalmayr. Erfolgsausgabe. Frankfurt a.M.: Eichenborn 1997. S. 10–13.)

eigenständigen Roman. Ausgangspunkt ist Ransmayrs Basisfiktion, dass Ovid noch vor der Veröffentlichung seiner *Metamorphosen* an die Schwarzmeerküste verbannt und sein Hauptwerk verbrannt und materiell somit unweigerlich zerstört wurde. Damit ist das Hauptthema des Romans skizziert, wie es Ransmayr selbst in seinem *Entwurf zu einem Roman* schildert: „[S]ein Thema ist das Verschwinden und die Rekonstruktion von Literatur, von Poesie; sein Stoff sind die *Metamorphosen* des Publius Ovidius Naso."[137] Die postmoderne Grundlage ist damit bereits geschaffen: Die einheitliche Schrift ist zerstört (oder besser gesagt: dekonstruiert) und der Weg bereitet für die (Re-)Konstruktion mythischer Stoffe.[138] *Die letzte Welt* schafft somit die Ausgangsbedingungen für eine neu zu gewinnende Vielstimmigkeit des Mythos, die durch die schriftliche Fixierung verloren gegangen ist.[139] Der Weg des Romans ist in vielerlei Hinsicht ein Weg der Umkehr, insbesondere aber ein Weg der Rückkehr zur mündlichen Tradierung. Der kultivierten Mythologie Roms wird das archaisch Mythische des Verbannungsortes Tomi entgegengesetzt, denn

---

[137] Christoph Ransmayr: Entwurf zu einem Roman. In: Jahresring 1987–1988. Zitiert nach: Thomas Epple: Christoph Ransmayr. Die letzte Welt. Interpretation von Thomas Epple. München: Oldenbourg 2000 (= Oldenbourg-Interpretationen Bd. 59). S. 122. Vgl. Peter Bekes: Zurück in die Steinzeit. Untergangsvisionen in Christoph Ransmayrs „Die letzte Welt". In: Deutschunterricht 56 (2003) H.6. S. 32–34.

[138] Vgl. insbesondere zum postmodernen Dekonstruktivismus: Jacques Derrida: Die Struktur, das Zeichen und das Spiel im Diskurs der Wissenschaften vom Menschen. In: Postmoderne und Dekonstruktion. S. 114–139. Derrida stimmt Claude Lévi-Strauss zu, dass Mythen weniger als in sich kohärentes Werk denn als Bricolage gelten müssen, in der verloren gegangene Kohärenz neu hergestellt werden muss, weil der Autor fehlt: „Die Abwesenheit des Zentrums bedeutet hier die Abwesenheit des Subjektes und des Autors" (Ebd. S. 129.).

[139] Dabei ist die auf die *Metamorphosen* Ovids gefallene Wahl bereits von ambivalentem Charakter. Peter Kuon zufolge beschreibt der Begriff, der sich einerseits auf ebendieses Werk bezieht, andererseits auch das Prinzip der Rezeption selbst, als „Phänomen[...] der Transformation im Zuge der künstlerischen Rezeption von Motiven, Themen, Stoffen und Mythen" (Peter Kuon: Metamorphosen: Ein Forschungsprogramm für die Geisteswissenschaften. In: Metamorphosen. Hrsg. von Sabine Coelsch-Foisner u.a. Heidelberg: Winter 2005. S. 6.) Manfred Kern verweist auf einen Horizont postmoderner Mythos-Rezeption als literarische Arbeit am Mythos, der an dieser Stelle nicht weiter betrachtet werden kann, aber mit dem Neologismus der „Mythomorphose" darauf verweist, dass wiederum Ovid zur Folie dieser literaturwissenschaftlichen Diskussion wird. (Manfred Kern: Mythomorphose: Ästhetische und theoretische Aspekte der literarischen Arbeit am Mythos. In: Metamorphosen. Hrsg. von Sabine Coelsch-Foisner u.a. Heidelberg: Winter 2005. S. 58.)

> Erzählen in primär oral organisierten Kulturen ist partizipatorisch, an Situations-
> kontexte gebunden, performativ, ereignisorientiert, und kann dank seiner for-
> melhaften, stereotypen Wendungen und Schemata kulturelles Gedächtnis und
> Traditionsgut ohne Hilfe von materiellen Speichermedien überliefern.[140]

Das Aufzeichnungsmedium der Schrift hingegen zerstört das kollektive Erinnern
und die Mnemotechniken, die notwendig sind, damit über das mündliche
Weitererzählen ein Kollektivgedächtnis bewahrt werden kann.[141] Wie bereits
angedeutet, ist die fiktionale Grundlage der Rahmenhandlung der *Letzten
Welt* die Zerstörung der Schrift, der Ovidischen *Metamorphosen*, wie zu Beginn
des Romans deutlich gemacht wird:

> Und weil ein Manuskript, das man lange in sicheren Händen geglaubt hatte,
> auch über die Jahre verschwunden blieb, begann man in Rom allmählich zu
> ahnen, daß das Feuer an der Piazza del Moro keine Verzweiflungstat und kein
> Fanal, sondern tatsächlich eine Vernichtung gewesen war.[142]

Vor dieser Vernichtung ist die Existenz der *Metamorphosen* bereits fragil und
hat ein bruchstückhaftes Wesen, denn „[i]n Rom hatte man nur Fragmente
gekannt." (LW 46) Auch Naso, so Ovids Name in Ransmayrs Roman[143], liest

---

[140] Bianca Theisen: Metamorphosen der Literatur: Christoph Ransmayrs Die letzte Welt. In: MLN 121 (2006). S. 589. Theisen bezieht sich in diesem Zusammenhang explizit auf Walter J. Ong: Oralität und Literalität. Die Technologisierung des Wortes. Aus dem Amerikanischen von Wolfgang Schömel. Opladen: Westdeutscher Verlag 1987. Tatsächlich macht Ong ein Bündel von Mnemotechniken aus (vgl. ebd. S. 40.), das für oral geprägte Kulturen auch noch lange nach der Entwicklung der Schriftkultur wichtig blieb: „Auch wenn eine Kultur schon begonnen hat zu schreiben, schätzt sie gelegentlich das Schreiben nicht sehr hoch ein." (Ebd. S. 97.) Mündlich Tradiertes war in diesen Fällen noch durchaus glaubhafter, weil die lebenden Zeugen „angegriffen werden konnten, weil sie veranlaßt werden konnte [sic! N. B.], ihren Standpunkt zu verteidigen" (ebd. S. 98.). Zentral ist der Hinweis, dass die schriftliche und die drucktechnische Wiedergabe von Mythen „in Wahrheit die mentale Welt deformieren, der diese Mythen entsteigen." (Ebd. S. 101.)
[141] Vgl. Bianca Theisen: Metamorphosen der Literatur. S. 589.
[142] Christoph Ransmayr: Die letzte Welt. Mit einem Ovidischen Repertoire. 14. Auflage. Frankfurt a.M.: Fischer 2007. S. 18. [Nachfolgend im Text als LW zitiert]
[143] Die Verwendung des eher unbekannten Beinamens Ovids deutet bereits auf die rhizomartige Verweisstruktur des Romans sowie auf das Versteckspiel, das mit dem Autor getrieben wird, hin. (Vgl. Kapitel 4.1.2).

„nur selten [...] geschlossene Episoden vor, selten Geschichten" (LW 47). Die Hoffnung auf eine eigenhändige und autorisierte Rekonstruktion der *Metamorphosen* durch den verbannten Dichter bleibt vergeblich. Nasos Briefe nach Rom, die „in langen, unberechenbaren Abständen" (LW 117) ankommen, enthalten allenfalls „Gedichte und epische Fragmente" (LW 117), jedoch nichts, was die Hoffnung bestätigen könnte, jene „Bruchstücke [...] würden sich nach und nach wieder zum verkohlten Werk des Dichters zusammenfügen" (LW 117). Mehr als eine „glitzernde Scherbenwelt" (LW 117) kann Naso den Daheimgebliebenen nicht mehr bieten.

Insgesamt evoziert die Schrift in der *Letzten Welt* negative Assoziationen und erfährt an einer der Schlüsselstellen die Gleichsetzung mit dem Tod[144]. Gemeint ist der Fund des einzigen Intertextes aus den *Metamorphosen*, die in Stein gemeißelten Worte des Dichters im Garten seines Hauses in Trachila. Cotta, der sich nach dem Gerücht von Nasos Tod aus dem fernen Rom aufmacht, um in der Hoffnung einer Abschrift die *Metamorphosen* ausfindig zu machen, wird Zeuge dieser Erscheinung der Schrift. Anspielungen auf den Tod sind dabei omnipräsent. Der Garten des Dichters sieht aus wie „ein verfallener Skulpturengarten oder ein Friedhof" (LW 43). Zudem wirkt Pythagoras, der verrückt gewordene Knecht des Dichters, als ob er „zwischen den Steinsäulen umher [gehe] wie zwischen Menschen oder ihren Gräbern" (LW 43). Der Tod der Nacktschnecken kann als sprachlich äußerst eindrucksvoller Höhepunkt des hier evozierten Todesmotivs gelten. Pythagoras begießt die mit Schnecken überzogenen Steine mit Essig:

> Noch im gleichen Augenblick wich die Stille der Lichtung einem hohen, vielstimmigen und feinen Pfeifen [...] und Cotta begriff, daß dies der Lärm des Sterbens war, das Entsetzen und der Schmerz der Schnecken ... und sah, wie in

---

[144] Bianca Theisen interpretiert diese Textstelle ebenso mit ihrer prägnanten Formel: „Leben muß verschwinden, damit Schrift erscheinen kann." (Bianca Theisen: Metamorphosen der Literatur. S. 585.)

> dieses zähe, feuchte Strickwerk aus Fühlern und Leibern die Bewegung des To-
> des kam, ein jähes, zuckendes Leben. Die Schnecken wanden und krümmten
> sich unter der furchtbaren Wirkung der Säure und stießen zu ihrem Todespfeifen
> Trauben von Schaum hervor, Schaumblüten, glitzernde, winzige Blasen. Dann
> fielen die Tiere sterbend ab, stürzten, glitten, rannen umarmt den Stein hinab
> und gaben ihn frei. Und dann erschien auf einer solchen, vom Leben befreiten
> Stelle das Wort FEUER. (LW 44)

Die ineinander kriechenden, den Stein wie einen Mantel bedeckenden
Schnecken können als engmaschige und lebendige Rhizomstruktur gedeutet
werden, die vom alles vernichtenden Essig, dem Glauben an den kohärenten
und vom Autor legitimierten Text, abgetötet wird. Zum Vorschein kommt der
tote Stein und die darin gemeißelten Worte, nur scheinbar für die Ewigkeit, die
mit dem zuerst freigelegten Wort FEUER destruktive Tendenzen assoziieren lassen.[145] Die Dichotomie von Leben und Tod, von lebendiger Rhizomstruktur und
toter Schrift, wird an dieser Stelle evident und lässt den einheitlichen Text zum
Element des Todes werden.

Cottas Versuch der schriftlichen Rekonstruktion, und damit der materiellen
Aneignung im mythischen Stimmengewirr Tomis, gleicht dem Versuch eines
nach dem Sinn suchenden Lesers. Dies bestimmt die Romanhandlung in wei-
ten Teilen, nachdem Cotta zu der Einsicht gelangt, dass Naso sein Hauptwerk
nicht erneut niedergeschrieben hat:

> Die *Metamorphoses*, verbrannt, an Erzkocher und Schweinehirten verschleu-
> dert und kein zweites Mal niedergeschrieben – gleichviel, er, Cotta, würde sich
> dieses Werkes bemächtigen und es in die Hände Roms zurücklegen. (LW 151)

Cotta versucht, gleich einem Detektiv, Ordnung in das Chaos zu bringen. Er
recherchiert, sammelt Indizien und befragt die Bewohner der Einöde Tomi,

---

[145] Zugleich verweist dieses erste, vom Essig freigelegte Wort auf die Zerstörung der *Metamorphosen* in Rom durch das von Naso gelegte Feuer (vgl. LW 17). Auf diese Weise verkündet die
Schrift bei ihrem Erscheinen zugleich ihre Zerstörung.

stets in der Hoffnung, so eine Rekonstruktion erwirken zu können. Cottas Ordnung der von Pythagoras beschrifteten und in Steinkegel geflochtenen Stofffetzen gleicht der verzweifelten Suche des Interpreten nach dem eigentlichen Textsinn in der Schrift selbst. Doch die Schriftfragmente versperren sich jedem Streben nach einer einheitlichen, in sich kohärenten Ordnung:

> Cotta versuchte die Fetzen zu ordnen: Jede Schnur trug einen Zusammenhang, trug einen Namen und alles, was sich mit diesem Namen verbinden ließ – *Arachne ... Möwen ... Seide ...* Wohin aber waren die vielen Namen von Pflanzen und Steinen zu hängen, die er auf dem ausgelaugten Gewebe entzifferte? Auf Echos Schnur? Auf jene des erstarrten Fallsüchtigen? Das Spiel, als bloßer Behelf zur Sichtung eines Lumpenbündels begonnen, ließ ihn manchmal tagelang nicht los. (LW 221)

Letztlich gibt Cotta den Versuch auf, die *Metamorphosen* zu rekonstruieren und akzeptiert die Unvereinbarkeit der zusammengetragenen Fragmente. Cotta ist dem Wahnsinn nahe, da die Vernunft vor der Unmöglichkeit einer konsistenten Text- und Sinnerfassung kapitulieren muss. Cottas „Himmel[...]" (LW 252) der Begriffe, die er nach rationalem Muster zu ordnen versucht, ist nicht nur im direkten Textsinn zerrissen, sondern Cotta steht mit seinen „Fetzen des Baldachins" (LW 252) gleichsam vor dem Scherbenhaufen der Vernunft, das alles überwölbende Dach der Ratio ist zusammengebrochen. Die postmoderne Unmöglichkeit der einheitlichen Schrift wird in diesem Zusammenhang augenfällig, die zuvor behutsam zusammengetragenen und wertvollen Inschriften erscheinen nun wie Müll und degenerieren im performativen Akt des Aussprechens zu nutzlosem Unrat:

> Unsinnig heiter wie ein Kind saß Cotta allein in der Seilerei inmitten seines zerrissenen Himmels, wühlte in den Fetzen des Baldachins, löste beschriftete Fähnchen aus den Blütenranken und Blättern der Winde und las manche Inschriften laut in den leeren Raum wie einer, der Gerümpel sortiert und die Namen der

Dinge noch einmal ausspricht, bevor er sich für immer von ihnen trennt und sie fortwirft. (LW 252)

Die Gründe für das Fehlschlagen der Bemühungen Cottas, Ordnung in das Chaos zu bringen, liegen bezeichnenderweise in der Seilerei von Lycaon, die er nach dem Verschwinden des Seilers übernimmt. Die Seilerei ist der Ort, wo Garn und Strick gesponnen werden, vergleichbar mit dem Versuch Cottas, eine Art in sich stimmigen Erzählstrang zu konstruieren. Cotta hängt die Stofffetzen, die Pythagoras „in den Häusern Tomis gesammelt" (LW 222) und „nach dem Muster von Wegzeichen" (LW 222) in Steinmale verwoben hat, auf ordnende Seile. Cottas Vorhaben muss misslingen, weil er die Funktion indexikalischer Zeichen im Mythos verkennt, welche die Literatur in das Physisch-Körperliche und Lokale zurückzwingt. Indem er das einzelne Zeichen aus seinem Ort im buchstäblichen und aus seinem Kontext im übertragenen Sinne reißt, verliert es seine Bedeutung und wird zu jenem wertlosen Unrat, den er schließlich von sich wirft. Es sei an dieser Stelle an die labyrinthische Struktur postmoderner Literatur[146] erinnert, die in der Metapher des Rhizoms repräsentiert wird. Die Vielzahl der Zeichen, die in einem unendlichen Verweissystem zueinander in Beziehung stehen, machen eine Vereindeutigung des Textsinnes, wie sie Cotta versucht, unmöglich.

Die Schrift als Trägerschaft ist unbeständig, dem Verfall anheim gestellt und fragil, davon gibt Die letzte Welt ein eindringliches Beispiel. „Bücher verschimmelten, verbrannten, zerfielen zu Asche und Staub" (LW 254), auch „Steinmale kippten als formloser Schutt in die Halden zurück, und selbst in Basalt gemeißelte Zeichen verschwanden unter der Geduld von Schnecken." (LW 254) Die Verschriftlichung des Mythos unterliegt – wie Literatur überhaupt

---

[146] Als eindrucksvollstes Beispiel und zugleich als metaphorischer Text gilt in diesem Zusammenhang Jorge Luis Borges' Die Bibliothek von Babel. (Vgl. Jorge Luis Borges: Die Bibliothek von Babel. In: Ders.: Die Bibliothek von Babel. Erzählungen. Aus dem Spanischen übertragen von Karl August Horst und Curt Meyer-Clason. Mit einem Nachwort herausgegeben von José A. Friedl Zapata. Stuttgart: Reclam 2006 (Universal-Bibliothek Nr. 9497). S. 47–57.)

– der paradoxen Inszenierung, dass Schrift physikalisch betrachtet der Zeit Widerstand leistet, sich aber durch die Zersetzung der Schrift in die unterschiedlichsten Auslegungen wiederum der Zeit unterwerfen muss:

> An den Spuren der *Metamorphosen* in der Erinnerung zeigt sich paradigmatisch, daß literarische Gebilde selbst dauernden Metamorphosen unterliegen: Für jeden Rezipienten gibt es ein anderes Werk, der verbindliche Ur-Text ist eine hermeneutische Fiktion [...].[147]

4.1.2 Die mythische Kollektivierung der Autorschaft

Mit der Zerstörung dieser Fiktion des Ur-Textes in der *Letzten Welt* ist die Grundlage geschaffen, um den Autor ebenso zu töten, wie es Roland Barthes fordert. Der Tod des Autors ist der geringe Preis für das Erbe einer kollektiven Autorschaft, was im Einklang mit der Rehabilitierung genuin mythischen Erzählens steht. In der *Letzten Welt* wird dementsprechend oft erzähltechnisch mit der Rolle der Urheberschaft gespielt.[148]

Zu dieser Spielart gehört zunächst die Suche nach der Autorperson Naso, wobei zugleich mit der Erwartungshaltung des Lesers gespielt wird: Findet Cotta den Autor der *Metamorphosen* oder nicht? Der Roman inszeniert drei potenzielle Autorfunde, welche die Handlung durchweg begleiten. Anfangs identifiziert Cotta fälschlicherweise Pythagoras als Naso: „Cotta spürte sein Herz toben. Naso, stammelte er." (LW 15) Der alte, verwirrte Mann unter der Treppe des Hauses in Trachila ist jedoch nicht Naso, sondern lediglich sein griechischer Knecht. Später wird Cotta von einer Verkleidung während der Fast-

---

[147] Monika Schmitz-Emans: Christoph Ransmayr: *Die letzte Welt* (1988) als metaliterarischer Roman. In: Europäische Romane der Postmoderne. Hrsg. von Anselm Maler u.a. Frankfurt a.M.: Lang 2004 (= Studien zur Neueren Literatur 12). S. 138.

[148] Einen kontroversen Standpunkt zum Tod des Autors in Ransmayrs *Letzter Welt* bezieht hingegen Thomas Neukirchen (vgl. Thomas Neukirchen: „Aller Aufsicht entzogen". Nasos Selbstentleibung und Metamorphose. Bemerkungen zum (Frei)Tod des Autors in Christoph Ransmayrs Roman *Die letzte Welt*. In: Germanisch-romanische Monatsschrift 52 (2002). S. 191–209.).

nachtsprozession getäuscht. Diesmal hält Cotta den fallsüchtigen Battus für Naso, „diese[n] Kopf mit der großen, hakigen Nase" (LW 84), doch „jene große, unverwechselbare Nase" (LW 85) entpuppt sich ironischerweise als „Pappnase" (LW 85) und das Phantom des Dichters entwischt erneut. Die letzte Inszenierung des Autorfundes gleicht einer Fata Morgana in den Trümmern Trachilas. Cotta meint den Dichter Naso und seinen Knecht Pythagoras zu erkennen, doch abermals wird er getäuscht, „nicht der Dichter Roms lehnte an einem zweiten Kegel, sondern ein vom Geröllstrom entrindeter Kiefernstamm" (LW 211). In diesem Sinne ist der Roman ein postmodernes Spiel mit der Autoridentität, die anscheinend nicht mehr gegeben ist und zu einem unendlichen Spiel der Maskierung und Demaskierung gerät.

Damit wäre aber auch zugleich die Frage aufgeworfen, inwiefern in der *Letzten Welt* die Autorenrolle überhaupt besetzt wird. Tritt Cotta als Interpret oder als Autor auf? In der Postmoderne, in der sich der Text im Zusammenspiel mit dem Interpreten stets von Neuem konstruiert, ist diese Unterscheidung obsolet geworden. Dies wird auch durch Ransmayrs grundsätzliche Absicht verdeutlicht, die er in seinem *Entwurf zu einem Roman* skizziert. Dort heißt Cotta noch Posides:

> Posides hört zu, zeichnet auf, ordnet. Hierhin alle Verwandlungen in Steine, hierhin also die Mineralien, dorthin die Pflanzen, dann die Fische, die Vögel, die Säugetiere undsofort. So entsteht ein neues, ein seltsames Bild der Welt. Aber der Forscher beginnt sich nicht nur in die Hierarchie seiner Ordnungen einzurichten, sondern macht auch das Haus an der Küste wieder bewohnbar und hält schließlich Einzug: Ich, Posides.[149]

Der spätere Roman weicht zwar von dem Entwurf ab, in der *Letzten Welt* bleiben jedoch entscheidende Reminiszenzen erhalten. So beschließt Cotta, sich von dem Anspruch der Legitimation des Textes durch den Autor Naso zu ver-

---

[149] Christoph Ransmayr: Entwurf zu einem Roman. S. 124.

41

abschieden, nachdem er bemerkt, dass er den Dichter nicht mehr finden wird: „[G]leichviel, er, Cotta, würde sich dieses Werkes bemächtigen und es in die Hände Roms zurücklegen." (LW 151, Hervorhebung N. B.) Mit dieser Deklaration ist die Inanspruchnahme des Textes durch Cotta beschlossen. Der Verdacht, Cotta könnte nun in der Autorenrolle auftreten, erhärtet sich im Gespräch mit Echo. Es ist die Eigenschaft Echos, keine eigenen Worte formulieren zu können, sondern lediglich die letzten Worte des Gesprächspartners zu wiederholen.[150] Dies birgt Spielraum für die These, dass Cotta zum Autor wird, obwohl er zugleich Rezipient ist. Somit kann Echo auch als Allegorie des gesamten Romans verstanden werden und als ästhetisches Prinzip[151] – es fehlt die Eindeutigkeit darüber, wer überhaupt Urheber der von Echo erzählten Geschichten ist, ob Naso, Cotta, Echo selbst oder ganz Tomi:

> [W]orüber die beiden auch sprachen, es unterschied sich kaum vom alltäglichen, leidenschaftslosen Tratsch, wie er an irgendeiner Ecke von Tomi oder zwischen den Regalen und Melassefässern von Famas Laden ausgebreitet wurde; auch glichen Echos Antworten stets dem, was Cotta schon wußte, mehr noch, Echo erzählte ihm in seinen eigenen Worten von der eisernen Stadt. Und dennoch empfand Cotta durch alle Wiederholungen und Belanglosigkeiten einen osmotischen Austausch wirrer Gefühle, ein sprachloses, rätselhaftes Einverständnis. (LW 102)

---

[150] Im Dritten Buch der *Metamorphosen* heißt es: „[...] doch ihrer / Sprache / Hatte nur *den* Gebrauch die Geschwätzige, den sie noch jetzt hat, / Daß sie von vielen Worten die letzten nur kann wiederholen." (Ovid: Metamorphosen. Aus dem Lateinischen von Erich Rösch. Mit einer Einführung von Niklas Holzberg. 6. Auflage. München: DTV 2007. S. 89.)

[151] Zur Figur Echo und ihrer ästhetischen Komponente in Ransmayrs Roman ließe sich Vieles sagen, was ich mir aufgrund der gebotenen Kürze versagen muss. Echo ist die „Instanz zwischen Stimme und Schweigen", welche „die kulturelle Erinnerung an den Prätext" transportiert. (Manfred Schmeling: Bauen, fliegen, verwandeln ... Zur postmodernen Gewinnung narrativer Strukturen aus antiken Mythen. In: Der Deutschunterricht 51 (1999) H.6. S. 48.) Vgl. zur Schlüsselstellung der Echofigur: Friedmann Harzer: Erzählte Verwandlung. Eine Poetik epischer Metamorphosen (Ovid – Kafka – Ransmayr). Tübingen: Niemeyer 2000. S. 176–178. Echo kann auch als Sinnbild für die Intertextualität gelten, da sie nur in der Lage ist, fremde Worte zu wiederholen und somit lediglich über eine geliehene Sprache verfügt. Von Cotta wird dies bewusst wahrgenommen und in diesem „osmotischen Austausch" (LW 102) die postmoderne Erkenntnis offenbar, dass nichts Neues gesagt werden kann.

Oder ist nicht vielmehr Pythagoras der Autor, als der Diener, der die dichterische Erbschaft seines Herren antritt? Immerhin ist Pythagoras die erste Person, die Cotta als Naso zu identifizieren versucht. Er wird als Bewahrer der Schrift, als Statthalter beschrieben, der „um jedes seiner Worte ein Denkmal errichtet hatte" (LW 254). Hierbei tritt die sprachliche Ambiguität zutage, die vom Erzähler evoziert wird. Bezieht sich das Possessivpronomen „seiner" noch auf Naso oder bereits auf Pythagoras? Eine eindeutige Antwort ist an dieser Stelle nicht möglich. Die Identitätsfrage wird bereits während der ersten Begegnung zwischen Cotta und Pythagoras aufgeworfen, wenn letzterer kichernd ausruft: „Naso ist Naso, und Pythagoras ist Pythagoras." (LW 15) Die Suche nach der eigenen und nach der fremden Identität ist leitmotivisch für *Die letzte Welt*. Stellvertretend dafür ist Pythagoras' nur scheinbar tautologischer Ausspruch, denn er redet in der dritten Person von sich selbst, wie es kleine Kinder tun, die sich ihrer Identität noch nicht bewusst sind. Pythagoras ist sich seiner Selbst nicht mehr gewiss, wobei seine Identität mit derjenigen des Dichters auf wundersame Weise verwoben wird. Zentral dafür ist die Szene in Trachila, nachdem Pythagoras im Dichtergarten den Epilog der *Metamorphosen* freigelegt hat. Die Situation wird mehrdeutig, als Cotta fragt: „[W]er hat das geschrieben[?]" (LW 46) Pythagoras

> schabte mit einem dürren Stück Holz Schneckenreste aus der tief gemeißelten Gravur des ICH und sagte, was er sagen mußte, den Namen seines Herrn. [...] Das ICH schimmerte nun blank, wie frisch gemeißelt auf dem Menhir. Pythagoras warf sein Schabwerkzeug zufrieden fort, trat einen Schritt zurück und betrachtete seine Arbeit: ICH HABE EIN WERK VOLLENDET. (LW 46)

Hier wird mit dem indexikalischen Zeichen ICH gespielt. Deiktische Zeichen haben immer eine Art Zeigefunktion, dies trifft im verschärften Maße auf das selbstreferentielle Zeichen ICH zu. Es verweist immer auf den, der gerade spricht. Damit wird an dieser Stelle des Romans die postmoderne Frage thematisiert: Wer spricht hier?[152] Wer ist für die *Metamorphosen* verantwortlich? Doch selbst der einzige direkte Intertext kann nicht eindeutig zugeordnet werden, denn in dieser Situation erscheint durch den performativen Akt „ICH HABE EIN WERK VOLLENDET" (LW 46) Pythagoras als der Autor des Epilogs, als Autor der *Metamorphosen*. Zudem wird der Name Nasos, ansonsten Garant für die Identität, bewusst ausgespart, indem nur vom „Namen seines Herrn" (LW 46) gesprochen wird. In dieser kurzen Passage verdichten sich die erzähltechnischen Mittel zur Verdeckung eindeutiger Autorschaft. Die Kontextunabhängigkeit von Indizes kommt zum Einsatz, „um die Position des Autors in eine Stimmenvielfalt aufzuheben, die es unmöglich macht zu unterscheiden, wer für den gesuchten 'Text' verantwortlich zeichnet."[153]

An anderer Stelle, gegen Ende des Romans, wird auf die anscheinend zwillingshafte Identitätsbeziehung zwischen Naso und Pythagoras hingewiesen.[154] Er „fand in den Antworten und Erzählungen Nasos nach und nach *alle* seine eigenen Gedanken und Empfindungen wieder" (LW 224) und meint, „mit dieser Übereinstimmung endlich eine Harmonie entdeckt zu haben, die der Überlieferung wert war" (LW 224). Dies führt bei Pythagoras zu einer Art Verschriftungs- und Überlieferungswahn. So „schrieb er nicht länger in den Sand" (LW 224), sondern steigert sich, indem er zu Tischen, Hauswänden, Bäumen, sogar zu Schafen und Schweinen übergeht und sie beschriftet. Damit entlarvt sich gegen Romanende auch Cottas Versuch der Rekonstruktion als obsolet: Die vermeintlichen Fragmente sind keine vom Autor Naso legitimierten Zitate,

---

[152] Vgl. Roland Barthes: Der Tod des Autors. S. 185. Vgl. Umberto Eco: Nachschrift zum »Namen der Rose« S. 38–43.

[153] Bianca Theisen: Metamorphosen der Literatur. S. 586.

[154] Nicola Kaminski verweist auf die Schlüsselrolle der Pythagoras-Figur. Pythagoras, der als vorsokratischer Philosoph ein Anhänger der Seelenwanderung war, wird in Ransmayrs Roman zum Sinnbild des Wechsels von Autorenrollen: „So wird Pythagoras der *Letzten Welt* zur Begründungs- und Beglaubigungsfigur eines Autorschaftskonzepts, das den Autor als historisch fixierbares, individuell konturiertes Subjekt verschwinden lässt und doch im selben Zug Autorschaft in unablässig fließender Beseelung in immer neue Gestalten einkörpert" (Nicola Kaminski: Ovid und seine Brüder. Christoph Ransmayrs *Letzte Welt* im Spannungsfeld von „Tod des Autors" und pythagoreischer Seelenwanderung. In: arcadia 37 (2002). S. 170.).

sondern bereits Rezeption. Damit bestätigt sich in der *Letzten Welt* das Gesetz mythischer Erzählung als Rezeption, wie es Blumenberg formuliert. Dies geht so weit, dass selbst die Identität des verschwundenen Naso in Zweifel gezogen und mit den zahlreichen Schicksalen der Bewohner Tomis verwoben wird, insbesondere mit dem von Pythagoras:

> Naso ...? War das nicht der Verrückte, der gelegentlich mit einem Strauß Angelruten auftauchte und selbst bei Schneegestöber noch in einem Leinenanzug auf den Felsen saß? Und am Abend trank er in den Kellern, spielte Harmonika und schrie in der Nacht.
>
> Naso ... Das war doch der Liliputaner, der im August in einem Planwagen in die Stadt kam und nach Einbruch der Dunkelheit über die weiße Rückwand des Schlachthauses Liebesfilme dröhnen ließ. (LW 11)

Damit ist bereits der entscheidende Hinweis auf die kollektive Autorschaft der Bewohner Tomis genannt, die allesamt als Träger der mythischen Erzählungen fungieren, obwohl sie selbst diesen mythischen Geschichten entspringen.[155] Famas Krämerladen kann als zentraler Ort der mythischen Erzählung gelten. Dort konzentrieren sich die Geschichten Tomis, mythisches als kollektives Erzählen kristallisiert sich dort.[156] Die Mythen erscheinen als „Tratsch, wie er [...] zwischen den Regalen und Melassefässern von Famas Laden ausgebreitet wurde" (LW 102). Dabei tritt die metaphorische Bedeutung des Krämerladens als Ort des Handels in den Vordergrund. Fama als Krämerin sammelt die unterschiedlichsten Handelswaren wie mythische Geschichten in ihrem Laden. Ihr Krämerladen wird zur Anlaufstelle und zum Marktplatz, auf dem die Deu-

---

[155] Dieser wichtige Zusammenhang zwischen den Romanfiguren der *Letzten Welt* und den mythischen Figuren der *Metamorphosen* wird in Kapitel 4.1.4 erläutert.
[156] Vgl. Petra Kuhnau: DER LETZTE SEINER ART. Christoph Ransmayrs Abschaffung des Interpreten in ›Die letzte Welt‹. In: Sprachkunst 29 (1998). S. 323.

tungen mythischer Erzählungen wie die Geschichten selbst in freien Handel miteinander treten und rege umgesetzt werden.[157]

4.1.3 Mündlichkeit und Multimedialität als Rehabilitierung mythischen Erzählens

In der *Letzten Welt* verbindet sich die neu gewonnene kollektive Autorschaft mit einer Rehabilitierung des mythischen Erzählens. Das Ergebnis ist die Auslöschung einer Literatur, die „abgeschnitten von den gesellschaftlichen und physischen Zusammenhängen [ist], in die mündliches Erzählen noch eingebunden ist"[158]. Gemeint ist damit die „oral poetry"[159] der Bewohner des Verbannungsortes Tomi, welche Cotta sammelt und zu ordnen versucht. Diese Bewohner erweisen sich allesamt als Hüter des Mythos: Arachne, Battus, Fama, Lycaon, Cyparis, Echo, Pythagoras und alle weiteren Figuren der *Letzten Welt* – sie sind über die unterschiedlichsten Medien an der Trägerschaft der mythischen Erzählungen beteiligt.

Die Vitalität des Mythos wird durch die Diversifikation der materiellen Trägerschaft erreicht. Hierzu gehören Cyparis' Filmvorführungen, die „Lichtspiele [...], die er in der Dunkelheit der nächsten Tage über den abblätternden Kalk der Schlachthausmauer flimmern" (LW 20) lässt und welche neben den Liebesfilmen von Ceyx und Alcyone die Heldengeschichten von „*Hector, Hercules und Orpheus*" (LW 95) zeigen.[160] Auch die Wandteppiche der taubstummen

---

[157] In Ovids *Metamorphosen* ist Fama die Göttin des Gerüchtes: „Mitten im Erdkreis ist zwischen Land und Meer und des Himmels / Zonen ein Ort, [...] / *Fama* bewohnt ihn; sie wählte zum Sitz sich die oberste Stelle, / [...] da kommen und gehn, ein leichtes / Volk, und schwirren und schweifen, mit Wahrem vermengt, des / Gerüchtes / Tausend Erfindungen und verbreiten ihr wirres Gerede." (Ovid: Metamorphosen. S. 301.)
[158] Bianca Theisen: Metamorphosen der Literatur. S. 589.
[159] Thomas Epple: Christoph Ransmayr. S. 22.
[160] Auch das ist eine Arbeit am Mythos auf die nur beiläufig hingewiesen werden kann: Die Übertragung mythischer Erzählungen in das moderne Medium Film. Zu den filmischen Bildern in Ransmayrs Roman vgl. Jaroslav Kovář: Acht Thesen zu Christoph Ransmayrs Roman „Die letzte Welt". In: Literatur und Kritik 25 (1990). S. 197–198. Insgesamt spielt das Medium Film für die Mythos-Rezeption der Gegenwart eine herausragende Rolle, dies trägt zu der Annahme

Arachne sind auf diese Art einzuordnen, welche „den Kulissen der *Metamorphoses* glichen" (LW 167) und die Geschichte des „*Icarus*" (LW 173) darstellen und die *Metamorphosen* zum „Buch der Vögel" (LW 174) werden. Ähnlich verhält es sich mit Echos Erzählungen, in denen sich die *Metamorphosen* in ein „*Buch der Steine*" (LW 137) verwandeln und die Geschichte von „Deucalion und Pyrrha" (LW 147) als düstere Untergangsvision der Menschheit erzählt wird. Nicht zuletzt sind es Pythagoras und sein Verschriftungswahn, der ihn Steintafeln, Stofffetzen, Tische, Wände und sogar Tiere beschriften lässt (vgl. LW 224). Cotta ist mit seinen Träumen von Argus und Io in Trachila (vgl. LW 69–73) genauso Bestandteil der mythischen Trägerschaft wie Fama und ihr Krämerladen, in dem die Geschichten und Gerüchte zusammentreffen. Es sind demzufolge fast unendlich viele Trägerschaften des Mythos möglich: Film, Teppich, Stein, Stimme, Stoff, Tische, Tiere, Wände, Prozessionen, Träume und Halluzinationen – aber kein Papier. Dies kristallisiert sich in der Frage, ob es ein in sich geschlossenes Werk überhaupt geben kann, das den Mythos abzubilden vermag. Müssen die Lebensformen mythischer Tradierung nicht vielfältig sein, um ihr Überleben zu sichern?[161]

Vital wird der Mythos aber auch aufgrund der neuen Wirklichkeit der Bedrohungsszenarien durch die Natur, die den Menschen das Fürchten lehren und die das Mythische erst hervorbringen. Hierfür steht Tomis archaische Feier anlässlich der Beendigung eines zweijährigen Winters. Die Menschen tragen „Aschemaske[n], die ihre Gesichtszüge entstellte[n]" (LW 13) und rufen „einen Allmächtigen [...] um fruchtbare Felder an[...], um Fischschwärme, Erzadern

---

bei, „dass Film und Fernsehen die Rolle der modernen Märchen- und Mythenerzähler" übernommen haben. (Ursula Elsner u.a.: Mythen im Medienzeitalter. In: Der Deutschunterricht 51 (1999) H.6. S. 5.) Damit offenbart sich wiederum die postmoderne Komponente, die Gräben zwischen den verschiedenen Daseinsformen der Kunst zu überwinden, wie es Leslie Fiedler fordert.

[161] *Die letzte Welt* beantwortet diese Frage mit einem klaren Ja, auch wenn sie über die Ambivalenz nicht hinwegkommt, selbst ein kohärentes Werk mit einem Autor zu sein. (Vgl. Monika Schmitz-Emans: Christoph Ransmayr: *Die letzte Welt* (1988) als metaliterarischer Roman. S. 138.)

und eine ruhige See." (LW 12–13) In der Fastnachtszene offenbart sich die Doppelmaskierung der *Letzten Welt*: Mythische Figuren der *Metamorphosen* maskieren sich als Gottheiten und mythische Wesen und leisten ihren Beitrag zur Tradierung durch Spiel und Inszenierung. Damit gehen sie in Form des Selbstzitats eine einvernehmliche Beziehung zu den *Metamorphosen* ein, den Rationalisierungsbemühungen Roms zum Trotz:

> Gewiß, dieser Narrenzug konnte nur ein stumpfer Abglanz jener Mythen sein, in denen sich die Phantasie Roms ausgetobt und erschöpft hatte, bis sie unter der Herrschaft von Augustus Imperator in Pflichtbewußtsein, in Gehorsam und Verfassungstreue verwandelt und zur Vernunft gebracht worden war. Aber auch wenn dieser Umzug nur noch ein kläglicher Rest war, konnte doch selbst ein Betrunkener erkennen, daß diese Fastnacht ein uraltes Bild Roms widerspiegelte, Bilder von Göttern und Helden, deren Taten und Wunder in der Residenz des Imperators schon für immer vergessen schienen. Und war es nicht Naso gewesen, der [...] wieder an das Vergessene gerührt und das zum Staat verblaßte Rom an archaische, unbändige Leidenschaften erinnert hatte? (LW 82–83)

Dies verdeutlicht auch die Janusköpfigkeit der Vernunft, die von der *Dialektik der Aufklärung* zum Ausdruck gebracht wird. Die Mythen sind trotz „Pflichtbewußtsein, [...] Gehorsam und Verfassungstreue" (LW 82) nicht verschwunden, sondern leben weiter, wenn auch in Tomi, an der Peripherie des Römischen Reiches, geben sie doch „ein uraltes Bild Roms" (LW 83) ab und wirken fort. Aber auch Rom ist vor dem Fortleben des Mythos nicht gefeit, selbst wenn die Phantasie „zur Vernunft gebracht worden war" (LW 82). Das Nashorn des Imperators, „das sich [...] in einem von Palisaden gesicherten Pfuhl des inneren Hofes wälzte" (LW 62), dieses „urzeitliche Tier[...]" (LW 62) ist Symbol für die in Rom fortlebende mythische Kraft. So wie dieses Tier, das den Imperator in seinen Bann zieht, „schien auch in Tomi noch wild und lebendig, was in der Residenz und in anderen Großstädten des Imperiums schon Vergangenheit war, zu Denkmälern und Museumsstücken erstarrt" (LW 83). Der dialektische Umschlag der instrumentellen Vernunft Roms in den Mythos wird nach dem Tod des Imperators vollzogen: „Der Senat hatte Augustus zum Gott erhoben." (LW 121) Und selbst Cotta, der Römer, ist Bestandteil der totalitären und (ver)gewaltigen(den) Vernunft. Die Vergewaltigung Echos (vgl. LW 133–134) ist einerseits Anzeichen für die Dünnhäutigkeit der römischen Zivilisation, andererseits Symbol für die Gewalt der Sprache als Werkzeug der Vernunft. „Koseworte und Entschuldigungen stammelnd" (LW 133) bedrängt Cotta sie, nach der Vergewaltigung spricht er „[h]astig und hingebungsvoll [...] auf Echo ein" (LW 134). Doch die Schrecklichkeit seiner Tat lässt nur noch eine „lautlose Finsternis" (LW 134) zu, gegen die kein vernünftiges Wort, gegen den kein *Logos* mehr gefeit ist. Umso deutlicher erscheint der Kontrast zwischen der mythischen Pluralität Tomis und der allgewaltigen Vernunft des Römischen Reiches.

Es ist insofern von Bedeutsamkeit, wie *Die letzte Welt* die Fortführung des Mythos mit anderen Mitteln betreibt und über die Grenzen der Romanhandlung hinweg selbst zum Beispiel der mythischen Vielseitigkeit und Pluralität wird.[162] Ort dieser Vielseitigkeit ist der Paratext des Ovidischen Repertoires, die fortlaufende Paginierung des Textes verweist darauf[163], dass auch hier die mythische Erzählung fortläuft. Dies deutet auf den Einbruch der mythischen Welt in die Welt des Lesers hin, indem sich historische Fakten, Phantastisches und Erdichtetes ergänzen. Aber auch im Gestaltungsbereich des Romans wird die vielseitige Medialität mythischer Erzählung fortgeführt. Die Bebilderung der Kapitelanfänge dient als Illustration und zugleich als Vorschau der Handlung bei gleichzeitiger Verdeckung der römischen Ziffern, der thematisierten Zerstörung der Schrift in der Romanhandlung verdächtig ähnlich:

---

[162] Vgl. Monika Schmitz-Emans: Christoph Ransmayr: *Die letzte Welt* (1988) als metaliterarischer Roman. S. 139.
[163] Vgl. Nicola Kaminski: Ovid und seine Brüder. S. 164–165.

Abb. 1: Illustration Kapitel 1 in Christoph Ransmayrs Roman *Die letzte Welt* (LW 7) als Vorausdeutung auf die Verbrennung der *Metamorphosen*

Abb. 2: Illustration Kapitel 2 in Christoph Ransmayrs Roman *Die letzte Welt* (LW 19) als Vorausdeutung auf die Verwandlung von Ceyx und Alcyone in zwei Eisvögel

Abb. 3: Illustration Kapitel 3 in Christoph Ransmayrs Roman *Die letzte Welt* (LW 37) als Vorausdeutung auf den Mantel aus Nacktschnecken auf den Steinmenhiren in Trachila

4.1.4 Der Mythos wird lebendig – der Mythos wird zur Wirklichkeit?

Tomi ist in der *Letzten Welt* ein performativer Ereignisort des Mythos, in dem selbiger zur Wirklichkeit generiert. Dabei spielt die Doppeldeutigkeit der Figuren des Romans eine entscheidende Rolle.[164] Die Verwebung der Bewohner Tomis mit den Figuren aus den *Metamorphosen* macht es generell unmöglich zu entscheiden, ob Nasos Geschichten die Welt Tomis formten oder ob die Geschichten Nasos von der bereits mythisch gewordenen Welt Tomis gestaltet wurden.[165] Oder sollte man nicht vielmehr von einer harmonischen Symbiose ausgehen?

---

[164] Vgl. Heike Mallad: Und ist es auch Mythos - so hat es doch Methode: Der Umgang mit dem Mythos in Ransmayrs *Letzter Welt*. In: "Keinem bleibt seine Gestalt". Ovids *Metamorphoses* und Christoph Ransmayrs *Letzte Welt*. Essays zu einem interdisziplinären Kolloquium. Hrsg. von Helmuth Kiesel u.a. Bamberg: Otto-Friedrich-Universität (= Fußnoten zur neueren deutschen Literatur 20). S. 25–26.

[165] Dies erinnert stark an Blumenbergs Annahme, über die funktionale Herkunft und damit über den Ursprung der Mythen nichts aussagen zu können. (Vgl. Hans Blumenberg: Arbeit am Mythos. S. 53.) Angesichts des unendlichen Rezeptionsprozesses ist diese Frage auch in der *Letzten Welt* anscheinend obsolet geworden.

Zunächst, zu Beginn der Handlung, ist wenig Phantastisches an Ransmayrs *Letzter Welt,* der Eintritt in die Welt des Wunderbaren geschieht auf einem langsamen Weg. Die Verwandlung von Ceyx und Alcyone in zwei Eisvögel ist durch die Markierung als filmische Inszenierung noch als eindeutige Imagination gekennzeichnet (vgl. LW 34–35). Die Schuppenflechte Echos, der „große[…], ovale[…] Schuppenfleck, der unstetig und langsam über diese schlanke Gestalt wanderte" (LW 91), ist eine natürliche Krankheit, die jedoch auf eine immerwährende Metamorphose Echos hindeutet: „Wanderte dieser Fleck endlich über ihr Gesicht hinaus und verschwand unter den Kleidern, dann war Echo für eine Woche oder für einen Monat von einer berückenden Schönheit, ihre Haut makellos." (LW 91–92) Über die Träume der Romanfiguren kündigt sich das Phantastische langsam an, zunächst über Cyparis' Traum der Baumwerdung als reine Imagination (vgl. LW 22), anschließend in Cottas Träumen in Trachila als irritierte Imagination mit unklaren Grenzen zwischen Realität und Phantasie (vgl. LW 69–73). Die Verwandlung Lycaons in einen Wolf während einer nächtlichen Begegnung mit Cotta ist zwar zu erahnen, aber nicht eindeutig. Er hetzt „auf allen vieren" (LW 75) ins Gebirge und sein Keuchen klingt „wie Geheul" (LW 75). Lycaons Verschwinden und der Fund eines Wolfskadavers (vgl. LW 206) lassen den Schluss zu, dass er mit diesem Wolf identisch ist, was jedoch eine Vermutung bleiben muss. Die tatsächlichen Metamorphosen, die dann letztlich auch den Einbruch des Phantastischen in die Romanwelt bilden, sind die Verwandlung von Battus „zu Stein" (LW 188) und die Transformation von Philomena, Procne und Tereus in „Schwalbe[,] […] Nachtigall […] [und] Wiedehopf" (LW 251–252). Diese Textstellen verdeutlichen das Erzählprinzip des Romans als Changieren zwischen Realität und Fiktion, wobei Tomi zur Zwischenwelt dieses Spurenwechsels wird. Die Dichotomie zwischen dem vernünftigen Rom und dem vermeintlich irrationalen Tomi wird aufgelöst:

> Der quälende Widerspruch zwischen der Vernunft Roms und den unbegreifli-
> chen Tatsachen des Schwarzen Meeres verfiel. Die Zeiten streiften ihre Namen
> ab, gingen ineinander über, durchdrangen einander. Nun konnte der fallsüch-
> tige Sohn einer Krämerin versteinern und als rohe Skulptur zwischen Krautfässern
> stehen, konnten Menschen zu Bestien werden oder zu Kalk und eine tropische
> Flora im Eis aufblühen und wieder vergehen ... (LW 212)

Der Römer Cotta akzeptiert das Mythische schlussendlich, die Auflösung von
Literatur in Realität, und sieht seine Vorahnung bestätigt, dass die *Metamorphosen* zur Wirklichkeit geworden sind: „Die Erfindung der Wirklichkeit bedurfte
keiner Aufzeichnungen mehr." (LW 254) Der Mythos in der *Letzten Welt* findet
auf diese Weise zu sich selbst, als „der Mythos schlechthin, die Mythen der
griechisch-römischen Antike, [die] zu Prä-texten einer Bewegung werden, in
der der Mythos, die Poesie zu sich selber kommt."[166] Ransmayr entsagt somit
der Logik einer literarisierten Welt: Die Literatur entgrenzt sich zur Wirklichkeit,
nicht umgekehrt. Nicht die Welt wird zur Literatur, sondern die Literatur wird zur
Welt und damit zur Wirklichkeit.

4.2 *Die letzte Welt* als Beitrag zur Arbeit am Mythos

4.2.1 Die Vergegenwärtigung des Mythos

In der *Letzten Welt* wird der Mythos gegenwärtig, indem der narrative Kern,
der kraft ikonischer Konstanz bewahrt bleibt, um einige gegenwärtige Variationen erweitert wird. Diese Variationen ergeben sich aus der gesellschaftlichen, politischen und ökologischen Gegenwart und fungieren als Mittel der

---

[166] Maria Moog-Grünewald: Über die ästhetische und poetologische Inanspruchnahme antiker Mythen bei Roberto Calasso, *Le nozze di Cadmo e Armonia* und Christoph Ransmayr, *Die
letzte Welt*. In: Antike Mythen in der europäischen Tradition. Hrsg. von Heinz Hofmann. Tübingen: Attempto 1999. S. 244.

Kontextuierung der mythischen Stoffe und somit als Aktivierung ihrer Relevanz durch Aktualisierung.

Es wäre daher falsch, aus rein philologischer Sicht über Ransmayrs Roman zu urteilen.[167] Begreift man Ovids *Metamorphosen* bereits als Mythos-Rezeption, so relativiert sich das Bild der künstlerischen Adaption eines Prätextes. Schon allein die Figurenauswahl Ransmayrs ist Akt der Rezeption, er übernimmt nur 35 aus dem mehr als 250 mythische Figuren umfassenden Arsenal Ovids.[168] Es zählt nicht die philologische Vollständigkeit, sondern die Funktionalisierung des Mythos im Kontext der Gegenwart.

Der Mythos wird „wie ein Mittel der Daseinsbewältigung verwendet"[169], und in der *Letzten Welt* wird die Figur Thies zum Mittel der Vergangenheitsbewältigung.[170] Der römische Gott der Unterwelt wird bei Ransmayr zum „Salbenrührer aus Deutschland" (LW 78), den „ein vergessener Krieg" (LW 33) nach Tomi verschlagen hat. Anhand dieser Figur wird sowohl der Zweite Weltkrieg als

---

[167] Vgl. Reinhold F. Glei: Ovid in den Zeiten der Postmoderne. Bemerkungen zu Christoph Ransmayrs Roman *Die letzte Welt*. In: Poetica 26 (1994) H.1–2. S. 409–427. Glei verkennt an dieser Stelle, dass es nicht um eine textgetreue Rezeption einer Rezeption mythischer Stoffe gehen kann (denn nichts Anderes ist Ovids literarischer Text auch), sondern um mögliche Aktualisierungstendenzen mythischer Geschichten. Einen sinnvollen und sachlichen philologischen Zugang wählt hingegen Barbara Vollstedt (Vgl. Barbara Vollstedt: Ovids „Metamorphoses", „Tristia" und „Epistulae ex Ponto" in Christoph Ransmayrs Roman „Die letzte Welt". S. 13–17.) Eine textvergleichende Interpretation wählt auch Nikolaus Groß (vgl. Nikolaus Groß: Antike Mythen und ihre Rezeption in der modernen deutschen Literatur. Ovids *Metamorphosen* und Ransmayrs *Letzte Welt*. In: Togil-munhak 37 (1996) H.3. S. 289–301.).

[168] Vgl. Holger Mosebach: Anthropologische Zweifel: Zum Erzählwerk Christoph Ransmayrs. In: Trans. Internet-Zeitschrift für Kulturwissenschaften 15 (2004). http://www.inst.at/trans/15Nr/05_16/mosebach15.htm (12. Mai 2008)

[169] Larissa Cybenko: Mythologische Dimension der Wirklichkeit in Christoph Ransmayrs Roman *Die letzte Welt*. In: Von Taras Ševčenko bis Joseph Roth: Ukrainisch-österreichische Literaturbeziehungen. Hrsg. von Wolfgang Kraus. Bern u.a.: Lang 1995. S. 210.

[170] Dies widerspricht dem Diktum der Kritiker, dass postmoderne Literatur zwangsläufig mit dem Etikett der Beliebigkeit oder des *Anything Goes* behaftet sein müsse. Im Anschluss an ihre vergleichende Analyse der frühen Rezensionen plädiert Elrud Ibsch für eine Lesart der Thies-Episode, die eine kritische Auseinandersetzung des postmodernen Romantextes mit dem Holocaust ermöglicht, „wobei diese Konstellation nicht Beliebigkeit [...] indiziert, sondern eine Form ernsthafter Auseinandersetzung mit geschichtlicher Schuld sein kann" (Elrud Ibsch: Zur politischen Rezeption von Christoph Ransmayrs *Die letzte Welt*. In: Literatur und politische Aktualität. Hrsg. von Elrud Ibsch u.a. Amsterdam: Rodopi 1993 (= Amsterdamer Beiträge zur neueren Germanistik 36). S. 252.).

auch der Holocaust thematisiert (vgl. LW 230–234). Die ambivalente Stellung des Deutschen als Salbenrührer und Totengräber (vgl. LW 33) kann darüber hinaus als Kritik an der Nachkriegspolitik Österreichs und der Bundesrepublik Deutschland gelesen werden. Insgesamt wird Kritik am bürokratischen Staat und an modernen Diktaturen geübt[171], die exemplarisch an der Apparatur Roms[172] hervortritt und Naso zum Verhängnis wird:

> Gewiß, die Bewegungen des Apparates waren langsam, leidenschaftslos und frei von jener Wut, die sich in den Gesichtern des Hofes gespiegelt hatte. Aber anders als diese Wut, die vielleicht zu besänftigen war und verrauchte, war der Apparat weder zu besänftigen noch zum Stillstand zu bringen. Und so begann in diesen Tagen das durch Akten verbürgte Wissen über den Dichter Publius Ovidius Naso allmählich in Fluß zu geraten, schwemmte dabei Nachsicht und Sympathien aus den Kanälen der Bürokratie und stieg schließlich wie das Stauwasser bis zur Deichkrone hoch, an die Schwelle der Audienzräume des Imperators. (LW 61)

---

[171] Mit Holger Mosebach kann man die Darstellung Roms und den Führungsstil des Kaisers auch als Anspielung auf moderne Diktaturen wie das „sozialistisch-kommunistische[...] Regime, beispielsweise der DDR" betrachten. (Holger Mosebach: Anthropologische Zweifel: Zum Erzählwerk Christoph Ransmayrs.) Die Inszenierung im „Stadion Zu den Sieben Zuflüchten" (LW 53) erinnert dagegen an die „fackelschweren Massenaufmärsche[...] bei Dunkelheit" des NS-Regimes während der Parteitage der NSDAP in Nürnberg. (Holger Mosebach: Anthropologische Zweifel: Zum Erzählwerk Christoph Ransmayrs.) Auch Anklänge zur Olympiade 1936 sind vorhanden (vgl. Markus Oliver Spitz: Erfundene Welten – Modelle der Wirklichkeit. Zum Werk von Christoph Ransmayr. Würzburg: Königshausen & Neumann 2004 (= Epistemata. Würzburger Wissenschaftliche Schriften. Reihe Literaturwissenschaft. Band 524). S. 143.).

[172] Ich interpretiere mit Nicola Bock-Lindebeck das Rom in Ransmayrs Roman als Zentrum instrumenteller Vernunft. Dabei wird die Beziehung zwischen der Letzten Welt und der Dialektik der Aufklärung virulent, wenn der Inthronisierung der Vernunft im augusteischen Zeitalter die Macht des Mythos entgegengesetzt wird, wenn der Totalität die Pluralität und der Wandel folgt. (Vgl. Nicola Bock-Lindenbeck: Letzte Welten – Neue Mythen. S. 103–106.) Zu einem ähnlichen Schluss kommt Kurt Bartsch in seiner Untersuchung (vgl. Kurt Bartsch: „Und den Mythos zerstört man nicht ohne Opfer". Zu den Ovid-Romanen An Imaginary Life von David Malouf und Die letzte Welt von Christoph Ransmayr. In: Lesen und Schreiben. Literatur. Kritik. Germanistik. Festschrift für Manfred Jurgensen zum 55. Geburtstag. Hrsg. von Volker Wolf. Tübingen u.a.: Francke 1995. S. 20.).

Die negative Anthropologie Ransmayrs angesichts der modernen Grausamkeiten des Menschen setzt sich auf der Folie der mythischen Apokalypse[173] fort, die so ihre Aktualisierung erfährt. Die Warnung vor der ökologischen Katastrophe, die insbesondere in den 1980er Jahren hohe Konjunktur hatte, wird in diesem Zusammenhang evident. Die Kritik an der Ignoranz der Menschen gegenüber der Natur[174] offenbart sich in den Wetterextremitäten, unter denen Tomi zu leiden hat. Das „Fischsterben" (LW 109), der Klimawandel und die damit zusammenhängenden Vegetationsverschiebungen machen es wahrscheinlich, „dass Ransmayr sich der Ignoranz und Lethargie der Bürger hinsichtlich der Verseuchungen und des Treibhauseffektes"[175] in seinem Roman annimmt: „Tomi, vom raschen Wechsel der Zeiten und von der Hitze erschöpft, begann sich mit den neuen Plagen abzufinden wie zuvor mit dem Prunk der Vegetation und den Wärmegewittern des neuen Klimas." (LW 176) Zu diesen Szenarien treten die Verteilungskämpfe der Globalisierung und die Ungerechtigkeit zwischen den Völkern der sogenannten Ersten Welt und denen der Dritten Welt hinzu. Dies personifiziert sich in dem Menschenschlepper Iason, der auf seinem Schiff, der Argo, der „Schar von Auswanderern" (LW

---

[173] Hinweise sind die apokalyptische Vision Nasos in der Entstehung des Volkes von Aegina (vgl. LW 54–57) sowie die Geschichte von Deucalion und Pyrrha (vgl. LW 143–150). Speziell zur Apokalypse in Ransmayrs Werk vgl. Holger Mosebach: Endzeitvisionen im Erzählwerk Christoph Ransmayrs. München: Meidenbauer 2003. Markus Oliver Spitz hat bereits darauf hingewiesen, dass Ransmayr ausschließlich „die düsteren Facetten des Ovidischen Werks" in seinem Roman verwendet. (Markus Oliver Spitz: Erfundene Welten – Modelle der Wirklichkeit. S. 142.)

[174] Vgl. Ulrich Fülleborn: Mythopoesie und das Unverfügbare von Natur und Geschichte in Ransmayrs Die letzte Welt. In: Ders.: Besitz und Sprache. Offene Strukturen und nicht-possessives Denken in der deutschen Literatur. Hrsg. von Günter Blamberger u.a. München: Fink 2000. S. 417–428. Fülleborn zufolge wird die Natur in Ransmayrs Roman zum „Erhabene[n] schlechthin" (ebd. S. 420) und dem Menschen der Zugriff auf die Natur verwehrt sowie sein ausbeuterisches Besitzdenken negiert. In Ransmayrs jüngstem Roman Der fliegende Berg wird die Natur in ähnlicher Weise zur alles bestimmenden Macht, die sich nicht nur den Besitzansprüchen des Menschen entzieht, sondern im Gegenteil das Schicksal der Menschen bestimmt. In ähnlicher Weise wie in der Letzten Welt bestimmen die Extreme der Tiefe des Meeres und der Höhe des Gebirges das Bild. (Christoph Ransmayr: Der fliegende Berg. 2. Auflage. Frankfurt a.M.: Fischer 2006.)

[175] Holger Mosebach: Anthropologische Zweifel: Zum Erzählwerk Christoph Ransmayrs. In: Trans. Internet-Zeitschrift für Kulturwissenschaften 15 (2004). http://www.inst.at/trans/15Nr/05_16/mosebach15.htm (12. Mai 2008)

179) nunmehr „das letzte Geld" (LW 180) abnimmt. In diesem Zusammenhang thematisiert der Roman anhand des mythischen Stoffes den Fremdenhass und die Einwanderungspolitik Europas. Man hasst „die griechischen Auswanderer als *Iasons Drachensaat:* Sie störten den Frieden der Einöde, hausten in Erdlöchern und Höhlen und scharrten im Kies der Strände nach Perlmutt und Bernstein." (LW 180)

Auch die Technikhörigkeit der modernen Industrienationen wird kritisiert und findet ihre Entsprechung in der kindischen Faszination und Wundergläubigkeit der Bewohner Tomis gegenüber dem Episkop, „eine[r] Maschine aus Metall, Glas, Glühlampen und Spiegeln, die alles, was man unter ihr geschliffenes Auge legte, leuchtend und vergrößert auf dem Weiß der nächstbesten Wand abzubilden vermochte" (LW 183). Auch die Filmvorführungen Cyparis' und ihre Wirkungskraft auf die Menschen in Tomi gehören in diesen Kontext und wirken als mythische Spiegel der modernen Zivilisation.

Die letzte Welt lässt es auch nicht aus, den gesellschaftlichen Totalitätsanspruch der Katholischen Kirche und ihres „gekreuzigten Beherrschers der Welt" (LW 94–95) kritisch zu hinterfragen. In Tomi steht „eine finstere, aus Sandsteinblöcken aufgetürmte Kirche" (LW 23), die bezeichnenderweise in einem Zug mit dem Schlachthaus genannt wird, mit „verrenkten, wie unter furchtbaren Torturen erstarrten Heiligenfiguren" (LW 23). Lichas[176], der christliche Missionar, der Cyparis' Filmvorführung mit der „einzige[n] Glocke des Kirchturmes" (LW 95) stört, weil er gegen das „Gelächter des Publikums" (LW 95) nicht ankommt

---

[176] Vgl. Das Neunte Buch der *Metamorphosen:* „Lichas, dem ahnungslosen, gab, was sie [Deianeira] gebe, nicht wissend, / Selbst, was ihr Trauer sollt schaffen, die Ärmste, und hieß ihn mit / sanften / Worten es bringen dem Mann [Herkules]. Nichts ahnend empfängt es der Held / und / Legt um die Schultern das Gift [...]". (Ovid: Metamorphosen. S. 232.) Gemeint ist der Lichasdienst, eine Handlung mit den besten Absichten, die jedoch Verderben mit sich bringt. Dass der christliche Missionar den Namen des tragischen Dieners des Herkules trägt, besitzt eine nicht übersehbare kritische Komponente gegenüber dem Missionsstreben und den Totalitätsansprüchen christlicher Religion: Indem das Christentum mit den besten Absichten versucht, die Menschheit von der Wahrheit ihrer Religion zu überzeugen, bringt sie ihr Verderben. Bezeichnenderweise wird auf genau dieses Schicksal von Herkules in Cyparis' Filmen angespielt. (Vgl. LW 96)

und „alle Beschwörungen vergeblich blieben" (LW 95), macht die Lächerlichkeit offensichtlich. In diesem Sinne ist *Die letzte Welt* auch eine Replik auf die Diffamierung des Mythos während der Missionierungsphase im Frühchristentum.

Dieses Bündel an Aktualisierungen, welches sich beliebig erweitern ließe, wäre ohne den Kunstgriff Ransmayrs, seinen Roman einem bedingungslosen Anachronismus zu unterwerfen, nicht denkbar. Der Roman beschreibt dieses Prinzip selbst: „Die Zeiten streiften ihre Namen ab, gingen ineinander über, durchdrangen einander." (LW 212) Die Gleichzeitigkeit des Ungleichzeitigen und somit die Unmöglichkeit einer historischen Datierung macht die Entstehung eines erneut zeitlosen aber dennoch kontextgebundenen Mythos möglich. Die Antike wird offensichtlich mit der Moderne verwoben: Nasos Auftritt im Stadion „vor eine[m] Strauß schimmernder Mikrophone" (LW 53) sowie die „Lichtschranken, [...] Scharfschützen und Stacheldrahtverhaue[...]" (LW 52) der Mächtigen der römischen Gesellschaft und „die Kolonnen des Abendverkehrs" (LW 39), „die Fahrzeugkolonnen" (LW 120), die sich durch Rom quälen, zeugen davon. Ransmayr wird zu einem anachronistischen Mythografen:

> Antike lebt in seinem Roman im tiefgreifenden Kontext auf, die Gegenwart und Vergangenheit verkreuzen sich. [...] Der Übergang von der Darstellung der antiken Umgebung zur modernen wird nicht vertuscht, geschieht aktiv, was dem Mythos die sozial-historische Aktualität verleiht.[177]

Dies macht aber auch deutlich, dass der Mythos gerade in Krisenzeiten eine Renaissance erlebt. Die 1980er Jahre waren von einschneidenden Krisenphänomenen geprägt und konnten als Nährboden für eine neu gewonnene My-

---

[177] Larissa Cybenko: Mythologische Dimension der Wirklichkeit in Christoph Ransmayrs Roman *Die letzte Welt*. S. 218.

thos-Rezeption fungieren. Die mythischen Stoffe wurden somit zur Projektions-
fläche zeitgenössischer Kritik.[178]

4.2.2 *Die letzte Welt* als Arbeit am Mythos

> Wie aber, wenn doch noch etwas zu sagen wäre?[179]

Dieser die *Arbeit am Mythos* beschließende Satz könnte ebenso gut zu Beginn
der Postmoderne stehen, auch zu Beginn eines postmodernen Umgangs mit
dem Mythos. Der Mythos ist kein unbekümmerter Phantasieraum, auch nicht
für postmoderne Schriftsteller, denen allzu oft ein zu unbekümmertes Spiel
vorgeworfen wird.[180] Sicherlich ist *Die letzte Welt* auch ein Spiel mit der Tradition und Intertextualität, ein sich mit dem Mythos vollziehendes ironisches Spiel,
wie Umberto Eco es für die gesamte postmoderne Literatur beschreibt. Doch
dieses Spiel ist nicht unbekümmert, es ist nicht unschuldig oder naiv, sondern
bekennt sich damit zugleich zu einem unendlichen Traditionszusammenhang
der mythischen Stoffe. Vorhergehende Mythos-Rezeptionen werden intertex-

---

[178] Insbesondere Georg Picht hat auf den Zusammenhang zwischen der Krisensituation und
dem Mythos aufmerksam gemacht, seine Worte erinnern stark an die der *Dialektik der Aufklärung*: „Die wissenschaftlich-technische Zivilisation treibt ihrer großen Krise zu. Im Abbild der
zerstörten Natur erblicken wir die finstere Kehrseite jener Rationalität, der wir die Errungen-
schaften der Neuzeit verdanken. Vor aller Augen spielt sich das große Drama ab, das de-
monstriert, wie der moderne Geist zugleich mit den Göttern auch die Natur verleugnet hat.
Die Schändung der Landschaft und aller Elemente ist von der Schändung der Tempel und
Götterbilder nicht zu trennen. [...] Die furchtbare Rache zeichnet sich schon ab; wir haben
wahrhaftig Grund, nach den Göttern zu fragen." (Georg Picht: Kunst und Mythos. Mit einer
Einführung von Carl Friedrich von Weizsäcker. Zweite Auflage. Stuttgart: Klett-Cotta 1987 (=
Georg Picht. Vorlesungen und Schriften). S. 488–489.)
[179] Hans Blumenberg: Arbeit am Mythos. S. 689.
[180] Vgl. Thomas Anz: Das Spiel ist aus? Zur Konjunktur und Verabschiedung des „postmodernen" Spielbegriffs. In: Postmoderne Literatur in deutscher Sprache: Eine Ästhetik des Widerstands? Hrsg. von Henk Harbers. Amsterdam u.a.: Rodopi 2000 (= Amsterdamer Beiträge zur
neueren Germanistik 49). S. 15–34. Gegen die Bewertung der *Letzten Welt* als intertextuelles
Mythenspiel im unbekümmerten Phantasieraum wendet sich auch Esther Felicitas Gehlhoff.
Für sie erweist es sich als falsch, „die Lesbarkeit der *Letzten Welt* auf ein Spiel zu reduzieren"
(Esther Felicitas Gehlhoff: Wirklichkeit hat ihren eigenen Ort – Lesarten und Aspekte zum Ver-
ständnis des Romans *Die letzte Welt* von Christoph Ransmayr. Paderborn u.a.: Schöningh 1999
(=Modellanalysen: Literatur). S. 22.).

tuell adaptiert, um den eigenen Beitrag zur Arbeit am Mythos formen zu können:

> Ähnlich wie jeder Autor, Dichter oder gar Maler vor ihm, angefangen mit Homer, der sich des Mythos annahm und aus ihm einen 'kultivierten' Mythos [...] machte, versieht auch Ransmayr die Mythen und ihren narrativen Kern mit seinen eigenen marginalen Variationen, die sich aus dem Jetzt ergeben [...].[181]

Ovid wird als Bestandteil des unendlichen Traditionszusammenhanges begriffen und gewürdigt, indem seine Persönlichkeit selbst mit den mythischen Stoffen in Ransmayrs Fiktion unauflöslich verbunden und somit „ein Mythos unter Mythen" (LW 115) wird.[182] Die Nachfolge des kultivierten Mythos Ovids tritt *Die letzte Welt* mit der Rehabilitierung des Mythos als mythische Erzähltradierung an, indem auf die Unzerstörbarkeit des Mythos selbst verwiesen wird. Auch wenn das Produkt poetischer Mythos-Rezeption materiell vernichtet worden wäre, wie es Ransmayr in seiner Romanfiktion annimmt, würde es sich keinesfalls um eine Zerstörung des Mythos handeln: „Seine Seele lebt weiter und wechselt ihre Gestalt [...]. Der Mythos selbst lebt fort und ist immer 'gegenwärtig', weil er Wirklichkeit ist."[183]

So kann Ransmayr den Mythos nicht zu Ende bringen, auch wenn er Naso seine mythische Geschichte „bis an ihr Ende" (LW 254) erzählen lässt. Dieser Anspruch kann, wie Blumenberg sagt, „nicht ruhen [lassen], es dem Muster

---

[181] Martin Kiel: NEXUS. Postmoderne Mythenbilder – Vexierbilder zwischen Spiel und Erkenntnis. Frankfurt a.M.: Lang 1996 (= Europäische Hochschulschriften. Reihe 1. Deutsche Sprache und Literatur 1566). S. 185.

[182] Der theoretische Vater postmoderner Mythos-Rezeption, Hans Blumenberg, weist deutlich darauf hin, dass man die *Metamorphosen* Ovids nicht hoch genug schätzen kann: „Die europäische Phantasie ist ein weitgehend auf Ovid zentriertes Beziehungsgeflecht" (Hans Blumenberg: Arbeit am Mythos. S. 383.). Nicht ohne Grund, ist das Werk Ovids doch „[e]in Glücksfall auf der Grenze zwischen Auffindung wie Ausstellung des ›Prinzips‹ der mythischen Plastizität und dem Aufblühen einer der Herkunft gegenüber unbefangenen Imagination und Spielfreude" (ebd.). Der vielleicht wichtigste Aspekt in diesem Zusammenhang ist, dass Ovids *Metamorphosen* nicht bloß ein Sammeltitel für eine Vielzahl von Mythen ist, sondern das Ausformungsprinzip des Mythos selbst bezeichnet (vgl. ebd. S. 384).

[183] Martin Kiel: NEXUS. S. 186.

gleich zu tun, den von ihm gesetzten Standard zu halten oder gar zu überbieten."[184] *Die letzte Welt* provoziert diese Reaktion geradezu. Die Nachfolge Ransmayrs in der unendlichen Kette der Mythos-Rezeptionen ist nachwievor ungeklärt, jedoch sicher.

5 Das Wechselspiel von Mythos und Postmoderne

Die Betrachtung der *Letzten Welt* in der Perspektive postmoderner Mythos-Rezeption zeigt, dass in der neueren deutschen Literatur die postmodernen Tendenzen[185] eine Symbiose mit der Rezeption antiker Mythen eingehen. Die postmoderne Vernunftkritik, das intertextuelle Spiel, die neu gewonnene Pluralität der Erzählungen dank des Autorentodes, der Rückgriff auf Tradition und der Charakter der Bricolage, die Dekonstruktion und Konstruktion von Texten und ihre freie Verfügbarkeit – dies alles geht einher mit der Rehabilitierung mythischen Erzählens.[186] Als Roman über und mit dem Mythos steht *Die letzte Welt* in der Tradition von Blumenbergs *Arbeit am Mythos*, als Roman der Krise aber zugleich in derjenigen der *Dialektik der Aufklärung*.[187]

---

[184] Hans Blumenberg: Arbeit am Mythos. S. 319.

[185] Stefanie Kreuzer nennt in diesem Zusammenhang „Intertextualität, Autoreflexivität und Rhizom-Struktur" als konstitutive Merkmale, um Ransmayrs *Letzte Welt* postmodern nennen zu können. (Stefanie Kreuzer: Literarische Phantastik in der Postmoderne. Klaus Hoffers Methoden der Verwirrung. Heidelberg: Winter 2007. S. 474.)

[186] Mythos könnte somit durchaus als postmoderne Strategie begriffen werden, um die Pluralität der Überzeugungen und Verhaltensweisen verkraften zu können: „Die Wiederbelebung des Mythos in der Postmoderne ist der Versuch, in einer Zeit voller Widersprüche das ganze der Weltwirklichkeit zu denken." (Dennis Cramer: Ein Mythos unter Mythen. Christoph Ransmayrs "*Die letzte Welt*" in tiefenpsychologischer Deutung. In: Textnahes Lesen. Annäherung an Literatur im Unterricht. Hrsg. von Jürgen Belgrad u.a. Baltmannsweiler: Schneider-Verlag Hohengehren 1998. S. 195.)

[187] Als krisenhafter Roman mit dem umgekehrten Weg von der Aufklärung zum Mythos interpretiert Boshidara Deliivanova *Die letzte Welt*, wobei ich die Ansicht, dahinter liege ein utopisches Glücksversprechen, nicht teilen kann. (Vgl. Boshidara Deliivanova: Mythos und Geschichte. Christoph Ransmayrs »Die letzte Welt«. In: Mythos und Krise in der deutschsprachigen Literatur des 19. und 20. Jahrhunderts. Hrsg. von Bogdan Mirtschev u.a. Dresden: Thelem 2004 (= Germanica Bd. 2002). S. 247–255.) Vielversprechender erscheint mir die Deutung von Sabine Wilke, Ransmayr gestalte „poetische Strukturen der Postmoderne in ihrer kritischen Rezeption durch die dialektische Theorie von Mythos und Aufklärung". (Sabine Wilke: Poetische

Es stellt sich die Frage – die an dieser Stelle freilich nicht abschließend beantwortet werden kann – ob es sich hierbei um eine temporäre, also konjunkturelle Erscheinung handelt, vielleicht sogar um ein Epochenspezifikum, oder nicht vielleicht doch um eine die Epochen übergreifende Geisteshaltung. Diese Frage stellt sich für die Postmoderne in ähnlicher Weise. Ist die Postmoderne eine Epoche oder nicht vielmehr eine Geisteshaltung, ein „Kunstwollen"[188], wie Umberto Eco sagt? Hat nicht jede Epoche ihre eigene Postmoderne? In Krisenmomenten, wie die Epoche der Moderne sie erlebt hat und vielleicht immer noch erlebt, erfährt die postmoderne Geisteshaltung ihre Hochzeit. Die erdrückende Spannung zwischen Vergangenheit und Avantgarde wird aufgesprengt, die sich ihrer fehlenden Unschuld bewusste Postmoderne schafft die ironische Alternative kraft ihres intertextuellen Spiels. Und welches Spiel wäre dafür geeigneter als das Spiel mit der Überlieferung[189], das Spiel mit dem Mythos? Der postmoderne Spielcharakter verschmilzt mit der Arbeit am Mythos, mit der Verpflichtung zur Tradierung mythischer Geschichten. Christoph Ransmayrs *Letzte Welt* zeugt von der Ernsthaftigkeit postmoderner Literatur, die sich in der Tradition der Arbeit am Mythos versteht und dabei im Einklang

---

Strukturen der Moderne. Zeitgenössische Literatur zwischen alter und neuer Mythologie. Stuttgart: Metzler 1992. S. 260.) Ich folge hingegen nicht Fred Lönker, der die in der *Letzten Welt* thematisierte Dialektik zwischen Mythos und Aufklärung nur als „Teil eines übergreifenden Themas" verstanden wissen will. (Fred Lönker: Das Ende der Deutungen. Zu Christoph Ransmayrs Roman *Die letzte Welt*. In: Kreuzwege. Transformationen des Mythischen in der Literatur. Hrsg. von Dietmar Jacobsen. Frankfurt a.M. u.a.: Lang 1999. S. 61.)

[188] Umberto Eco: Nachschrift zum »Namen der Rose«. S. 77.

[189] Vgl. Thomas Anz: Spiel mit der Überlieferung. Aspekte der Postmoderne in Ransmayrs *Die letzte Welt*. In: Die Erfindung der Welt. Zum Werk von Christoph Ransmayr. Hrsg. von Uwe Wittstock. 3. Auflage. Frankfurt a.M.: Fischer 2004. S. 120–132. Einen wichtigen Hinweis auf ihren Spielcharakter gibt *Die letzte Welt* selbst: Die Widmung für Andreas Thalmayr (vgl. LW 5) verweist implizit auf das von Hans Magnus Enzensberger unter diesem Pseudonym herausgegebene *Wasserzeichen der Poesie* (vgl. Anmerkung 136). In dem Vorwort heißt es: „Zugegeben, es ist nie ein simples, es ist schon immer ein höchst verwickeltes Spiel gewesen, das die Dichter und ihre Leser trieben. [...] Die einzig richtige Art, ein Gedicht zu lesen, gibt es nicht. Sie ist nur ein pädagogisches Phantom." Schließlich gibt es mehr als einen Möglichkeit, „einen Autor beim Wort zu nehmen. Man kann ihn auch nacherzählen, oder rückwärts lesen, oder verspotten, oder bestehlen, oder weiterdichten, oder übersetzen ..." (Andreas Thalmayr: Das Wasserzeichen der Poesie. S. VI–VIII.) In ähnlicher Weise ist auch *Die letzte Welt* solch ein Spiel, das im Text augenfällig wird durch Cottas Spiel mit den beschrifteten Lumpen, das „ihn manchmal tagelang nicht los[ließ]." (LW 221)

mit postmodernen Tendenzen steht.[190] Vielleicht muss man die Postmoderne ebenso wie die Arbeit am Mythos als metahistorische Kategorie begreifen. So oder so wird der Mythos-Rezipient zu einem Doppelagenten, wie ihn Leslie Fiedler für die postmoderne Literatur fordert, der sich zwischen der Welt des freien intertextuellen Spiels, des Wunderbaren und der geschichtlichen Verantwortung bewegen muss.

---

[190] So ist es durchaus legitim, Bezüge zwischen dem postmodernen Intertextualitätskonzept Michail Bachtins und Julia Kristevas und dem Konzept der Arbeit am Mythos herzustellen. Die Intertextualität, von Bachtin „Dialogizität der Redevielfalt" genannt, kann verglichen werden mit dem rezeptiven Charakter der Arbeit am Mythos. (Michail M. Bachtin: Die Ästhetik des Wortes. Herausgegeben und eingeleitet von Rainer Grübel. Aus dem Russischen übersetzt von Rainer Grübel und Sabine Reese. 11. Auflage. Frankfurt a.M.: Suhrkamp 2006 (=edition suhrkamp 967). S. 289.) Julia Kristeva expliziert das Konzept der Dialogizität: „[J]eder Text baut sich als Mosaik von Zitaten auf, jeder Text ist Absorption und Transformation eines anderen Textes." (Julia Kristeva: Bachtin, das Wort, der Dialog und der Roman. In: Literaturwissenschaft und Linguistik. Ergebnisse und Perspektiven. Band 3. Zur linguistischen Basis der Literaturwissenschaft II. Hrsg. von Jens Ihwe. Frankfurt a.M.: Athenäum 1972 (=Ars poetica. Texte und Studien zur Dichtungslehre und Dichtkunst 8). S. 348.) Ein Weg, der hier leider nur angedeutet werden kann, ist die Verbindung der *Letzten Welt* mit den karnevalesken Formen des Romans, wie sie Bachtin und anschließend Kristeva für die dialogische Form des Romans ausmachen, von Kristeva „*polyphoner Roman*" genannt (ebd. S. 354.). Zu untersuchen wäre beispielsweise, inwiefern die Darstellung der Fastnachtsprozession in der *Letzten Welt* im Einklang steht mit dem Karneval oder der Menippea, jener Form, die „der aristotelischen Logik entgegen[tritt] [...] und [sie] [...] zu anderen Denkformen [führt]." (Ebd. S. 369–370.)

6 Bibliografie

Primärliteratur

Borges, Jorge Luis: Die Bibliothek von Babel. In: Ders.: Die Bibliothek von Babel. Erzählungen. Aus dem Spanischen übertragen von Karl August Horst und Curt Meyer-Clason. Mit einem Nachwort herausgegeben von José A. Friedl Zapata. Stuttgart: Reclam 2006 (Universal-Bibliothek Nr. 9497). S. 47–57.

Dürrenmatt, Friedrich: Der Verdacht. Diogenes: Zürich 1985.

Goethe, Johann Wolfgang: Wilhelm Meisters Wanderjahre oder die Entsagenden. Mit einem Nachwort von Adolf Muschg. 14. Auflage. Frankfurt a.M.: Insel 2007 (= insel taschenbuch 575).

Hofmann, Reinhold (Hrsg.): Karl-Friedrich Beckers Erzählungen aus der alten Welt für die Jugend. Mit Bildern von Friedrich Preller. Neue, wohlfeile Ausgabe in drei Teilen. 9. Auflage. Leipzig: Gebhardt 1912.

Ovid: Metamorphosen. Aus dem Lateinischen von Erich Rösch. Mit einer Einführung von Niklas Holzberg. 6. Auflage. München: DTV 2007.

Ransmayr, Christoph: Das Labyrinth. In: Das Wasserzeichen der Poesie oder Die Kunst und das Vergnügen, Gedichte zu lesen. In hundertvierundsechzig Spielarten vorgestellt von Andreas Thalmayr. Erfolgsausgabe. Frankfurt a.M.: Eichenborn 1997. S. 10–13.

Ransmayr, Christoph: Der fliegende Berg. 2. Auflage. Frankfurt a.M.: Fischer 2006.

Ransmayr, Christoph: Die letzte Welt. Mit einem Ovidischen Repertoire. 14. Auflage. Frankfurt a.M.: Fischer 2007.

Ransmayr, Christoph: Entwurf zu einem Roman. In: Jahresring 1987–1988. Zitiert nach: Thomas Epple: Christoph Ransmayr. Die letzte Welt. Interpretation von Thomas Epple. München: Oldenbourg 2000 (= Oldenbourg-Interpretationen Bd. 59). S. 122–124.

Theoretische Grundlagen der Postmoderne

Anz, Thomas: Das Spiel ist aus? Zur Konjunktur und Verabschiedung des „postmodernen" Spielbegriffs. In: Postmoderne Literatur in deutscher Sprache: Eine Ästhetik des Widerstands? Hrsg. von Henk Harbers. Amsterdam u.a.: Rodopi 2000 (= Amsterdamer Beiträge zur neueren Germanistik 49). S. 15–34.

Bachtin, Michail M.: Die Ästhetik des Wortes. Herausgegeben und eingeleitet von Rainer Grübel. Aus dem Russischen übersetzt von Rainer Grübel und Sabine Reese. 11. Auflage. Frankfurt a.M.: Suhrkamp 2006 (=edition suhrkamp 967).

Barthes, Roland: Der Tod des Autors. In: Texte zur Theorie der Autorschaft. Herausgegeben und kommentiert von Fotis Jannidis u.a. Stuttgart: Reclam 2007 (= Universal-Bibliothek 18058). S. 185–193.

Behrens, Roger: Postmoderne. 2., korrigierte Auflage. Hamburg: Europäische Verlagsanstalt 2008.

Deleuze, Gilles; Félix Guattari: Rhizom. Berlin: Merve 1977.

Derrida, Jacques: Die Struktur, das Zeichen und das Spiel im Diskurs der Wissenschaften vom Menschen. In: Postmoderne und Dekonstruktion. Texte französischer Philosophen der Gegenwart. Mit einer Einführung herausgegeben von Peter Engelmann. Stuttgart: Reclam 2007 (= Universal-Bibliothek Nr. 8668). S. 114–139.

Eco, Umberto: Nachschrift zum »Namen der Rose«. 9. Auflage. München u.a.: Hanser 1987.

Fiedler, Leslie A.: Überquert die Grenze, schließt den Graben! Über die Postmoderne. In: Wege aus der Moderne. Schlüsseltexte der Postmoderne-Diskussion. Hrsg. von Wolfgang Welsch. 2., durchgesehene Auflage. Berlin: Akademie Verlag 1994. S. 57–74.

Foucault, Michel: Was ist ein Autor? In: Texte zur Theorie der Autorschaft. Herausgegeben und kommentiert von Fotis Jannidis u.a. Stuttgart: Reclam 2007 (= Universal-Bibliothek 18058). S. 198–229.

Groys, Boris: Die Wiedererschaffung des Autors nach seinem Tode - Ein Gespräch. In: Am Ende der Literaturtheorie? Neun Beiträge zur Einführung und Diskussion. Hrsg. von Torsten Hinz u.a. Münster: LIT 1995 (= Zeit und Text 8). S. 150–163.

Kristeva, Julia: Bachtin, das Wort, der Dialog und der Roman. In: Literaturwissenschaft und Linguistik. Ergebnisse und Perspektiven. Band 3. Zur linguistischen Basis der Literaturwissenschaft II. Hrsg. von Jens Ihwe. Frankfurt a.M.: Athenäum 1972 (=Ars poetica. Texte und Studien zur Dichtungslehre und Dichtkunst 8). S. 345–375.

Lohmeier, Anke-Marie: Schriftstellers »Verantwortung« und Autors »Tod«. Autor-konzepte und offene Gesellschaft am Beispiel des deutsch-deutschen Litera-turstreits. In: Autorschaft. Positionen und Revisionen. Hrsg. von Heinrich Dete-ring. Stuttgart u.a.: Metzler 2002 (=Germanistische-Symposien-Berichtsbände 24). S. 557–569.

Lyotard, Jean-François: Beantwortung der Frage: Was ist postmodern? In: Postmoderne und Dekonstruktion. Texte französischer Philosophen der Ge-genwart. Mit einer Einführung herausgegeben von Peter Engelmann. Stutt-gart: Reclam 2007 (= Universal-Bibliothek Nr. 8668). S. 33–48.

Lyotard, Jean-François: Die Moderne redigieren. In: Ders.: Das Inhumane. Plaudereien über die Zeit. Hrsg. von Peter Engelmann. Wien: Passagen 1989 (= Edition Passagen 28). S. 51–69.

Lyotard, Jean-François: Randbemerkungen zu den Erzählungen. In: Postmo-derne und Dekonstruktion. Texte französischer Philosophen der Gegenwart. Mit einer Einführung herausgegeben von Peter Engelmann. Stuttgart: Reclam 2007 (= Universal-Bibliothek Nr. 8668). S. 49–53.

Ortheil, Hanns-Josef: Texte im Spiegel von Texten. Postmoderne Literaturen. In: Literarische Moderne. Europäische Literatur im 19. Und 20. Jahrhundert. Funk-kolleg. Studienbrief 10. Studieneinheit 30. Tübingen: DIFF 1994. S. 30/1–30/36.

Schatz, Oskar u.a. (Hrsg.): Wovon werden wir morgen geistig leben? Mythos, Religion und Wissenschaft in der „Postmoderne". Salzburg: Pustet 1986.

Sontag, Susan: Anmerkungen zu ›Camp‹. In: Kitsch. Texte und Theorien. Hrsg. von Ute Dettmar u.a. Stuttgart: Reclam 2007 (= Universal-Bibliothek Nr. 18476). S. 285–288.

Tomaševskij, Boris: Literatur und Biografie. In: Texte zur Theorie der Autorschaft. Herausgegeben und kommentiert von Fotis Jannidis u.a. Stuttgart: Reclam 2007 (= Universal-Bibliothek 18058). S. 49–61.

Welsch, Wolfgang: Unsere postmoderne Moderne. Weinheim: VCH 1987.

Theoretische Grundlagen der Mythos-Rezeption

Barthes, Roland: Mythen des Alltags. Deutsch von Helmut Scheffel. 2. Auflage. Frankfurt a.M.: Suhrkamp 1970 (= edition suhrkamp 92).

Blumenberg, Hans: Arbeit am Mythos. Frankfurt a.M.: Suhrkamp 2006 (= suhrkamp taschenbuch wissenschaft 1805).

Blumenberg, Hans: Wirklichkeitsbegriff und Wirkungspotential des Mythos. In: Terror und Spiel. Probleme der Mythenrezeption. Hrsg. von Manfred Fuhrmann. München: Fink 1971 (= Poetik und Hermeneutik. Forschungsergebnisse einer Arbeitsgruppe IV). S. 11–66.

Buntfuß, Markus: Mythos und Metapher bei Vico, Cassirer und Blumenberg. In: Moderne und Mythos. Hrsg. von Silvio Vietta u.a. München: Fink 2006. S. 67–78.

Burkert, Walter: Antiker Mythos – Begriff und Funktion. In: Antike Mythen in der europäischen Tradition. Hrsg. Von Heinz Hofmann. Tübingen: Attempto 1999. S. 11–26.

Burkert, Walter u.a.: Mythos, Mythologie. In: Historisches Wörterbuch der Philosophie. Hrsg. von Joachim Ritter u.a. Band 6. Darmstadt: Wissenschaftliche Buchgesellschaft 1984. S. 281–318.

Capelle, Wilhelm: Xenophanes. In: Ders. (Hrsg.): Die Vorsokratiker. Die Fragmente und Quellenberichte. Übersetzt und eingeleitet von Wilhelm Capelle. Stuttgart: Kröner 1968 (= Kröners Taschenausgabe Band 119). S. 113–125.

Cassirer, Ernst: Der Mythus des Staates. In: Texte zur modernen Mythentheorie. Hrsg. von Wilfried Barner u.a. Stuttgart: Reclam 2003 (= Universal-Bibliothek Nr. 17642). S. 39–55.

Chamberlain, Houston Steward: Gesamtausgabe seiner Hauptwerke in neun Bänden. Zweiter Band. Grundlagen des 19. Jahrhunderts. Erste Hälfte. 14. Auflage. München: Bruckmann 1923.

Elsner, Ursula u.a.: Mythen im Medienzeitalter. In: Der Deutschunterricht 51 (1999) H.6. S. 3–7.

Emmerich, Wolfgang: Entzauberung – Wiederverzauberung. Die Maschine Mythos im 20. Jahrhundert. In: Mythenkorrekturen. Zu einer paradoxalen Form der Mythenrezeption. Hrsg. von Martin Vöhler u.a. Berlin u.a.: de Gruyter 2005 (= spectrum Literaturwissenschaft 3). S. 411–435.

Gehlen, Arnold: Urmensch und Spätkultur. Philosophische Ergebnisse und Aussagen. 6., erweiterte Auflage. Frankfurt a.M.: Klostermann 2004 (= KlostermannSeminar 4).

Greif, Stefan: Der Mythos – Das wilde Denken und die Vernunft. In: Pluralismus und Postmodernismus. Zur Literatur- und Kulturgeschichte der achtziger und frühen neunziger Jahre in Deutschland. Hrsg. von Helmut Kreuzer. Dritte, gegenüber der zweiten wesentlich erweiterte Auflage. Frankfurt a.M.: Lang 1994 (= Forschungen zur Literatur- und Kulturgeschichte 25). S. 124–136.

Helmes, Marion M. u.a. (Hrsg.): Mythen in Moderne und Postmoderne: Weltdeutung und Sinnvermittlung. Berlin: Weidler 1995.

Heuermann, Hartmut: Medienkultur und Mythen. Regressive Tendenzen im Fortschritt der Moderne. Reinbek: Rowohlt 1994 (= rowohlts enzyklopädie. kulturen & ideen 549).

Horkheimer, Max; Theodor W. Adorno: Dialektik der Aufklärung. Philosophische Fragmente. 16. Auflage. Frankfurt a.M.: Fischer 2006 (= Fischer Wissenschaft 7404).

Hölderlin, Friedrich: Über Religion. In: Ders.: Sämtliche Werke und Briefe in drei Bänden. Hrsg. von Jochen Schmidt. Band 2. Hyperion. Empedokles. Aufsätze. Übersetzungen. Frankfurt a.M.: Deutscher Klassiker Verlag 1994 (=Bibliothek deutscher Klassiker 108). S. 562–569.

Kern, Manfred: Mythomorphose: Ästhetische und theoretische Aspekte der literarischen Arbeit am Mythos. In: Metamorphosen. Hrsg. von Sabine Coelsch-Foisner u.a. Heidelberg: Winter 2005. S. 55–71.

Jamme, Christoph: »Gott an hat ein Gewand«. Grenzen und Perspektiven philosophischer Mythos-Theorien der Gegenwart. Frankfurt a.M.: Suhrkamp 1999 (=suhrkamp taschenbuch wissenschaft 1433).

Kuon, Peter: Metamorphosen: Ein Forschungsprogramm für die Geisteswissenschaften. In: Metamorphosen. Hrsg. von Sabine Coelsch-Foisner u.a. Heidelberg: Winter 2005. S. 1–8.

Moritz, Karl Philipp: Gesichtspunkt für die mythologischen Dichtungen. In: Ders.: Werke in zwei Bänden. Hrsg. von Heide Hollmer u.a. Band 2. Popularphilosophie. Reisen. Ästhetische Theorie. Frankfurt a.M.: Deutscher Klassiker Verlag 1997 (= Bibliothek deutscher Klassiker 145). S. 1049–1055.

Nestle, Wilhelm: Vom Mythos zum Logos. Die Selbstentfaltung des griechischen Denkens von Homer bis auf die Sophistik und Sokrates. 2. Auflage. Stuttgart: Kröner 1942.

Ong, Walter J.: Oralität und Literalität. Die Technologisierung des Wortes. Aus dem Amerikanischen von Wolfgang Schömel. Opladen: Westdeutscher Verlag 1987.

Picht, Georg: Kunst und Mythos. Mit einer Einführung von Carl Friedrich von Weizsäcker. Zweite Auflage. Stuttgart: Klett-Cotta 1987 (= Georg Picht. Vorlesungen und Schriften).

Platon: Sämtliche Dialoge. Band V. Der Staat. Hrsg. von Otto Apelt. Sechste der Neuübersetzung dritte Auflage. Leipzig: Meiner 1923 (= Philosophische Bibliothek Band 80).

Schlegel, Friedrich: Gespräch über die Poesie. In: Ders.: Werke in zwei Bänden. Zweiter Band. Ausgewählt und eingeleitet von Wolfgang Hecht. 1. Auflage. Berlin u.a.: Aufbau-Verlag 1980 (=Bibliothek Deutscher Klassiker). S. 131–196.

Vico, Giambattista: Die neue Wissenschaft über die gemeinschaftliche Natur der Völker. Nach der Ausgabe von 1744 übersetzt und eingeleitet von Erich Auerbach. Berlin: De Gruyter 1965.

Vietta, Silvio: Mythos in der Moderne – Möglichkeiten und Grenzen. In: Moderne und Mythos. Hrsg. von Silvio Vietta u.a. München: Fink 2006. S. 11–23.

Wessels, Antje: Über Freiheit und Grenzen poetischer Mythengestaltung. In: Mythenkorrekturen. Zu einer paradoxalen Form der Mythenrezeption. Hrsg. von Martin Vöhler und Bernd Seidensticker. Berlin u.a.: de Gruyter 2005 (= spectrum Literaturwissenschaft 3). S. 165–180.

Sekundärliteratur zur *Letzten Welt*

Anz, Thomas: Spiel mit der Überlieferung. Aspekte der Postmoderne in Ransmayrs *Die letzte Welt*. In: Die Erfindung der Welt. Zum Werk von Christoph Ransmayr. Hrsg. von Uwe Wittstock. 3. Auflage. Frankfurt a.M.: Fischer 2004. S. 120–132.

Bachmann, Peter: Die Auferstehung des Mythos in der Postmoderne. Philosophische Voraussetzungen zu Christoph Ransmayrs Roman „Die letzte Welt". In: Diskussion Deutsch 21 (1990). S. 638–651.

Bartsch, Kurt: „Und den Mythos zerstört man nicht ohne Opfer". Zu den Ovid-Romanen *An Imaginary Life* von David Malouf und *Die letzte Welt* von Christoph Ransmayr. In: Lesen und Schreiben. Literatur. Kritik. Germanistik. Festschrift für Manfred Jurgensen zum 55. Geburtstag. Hrsg. von Volker Wolf. Tübingen u.a.: Francke 1995. S. 15–22.

Bekes, Peter: Zurück in die Steinzeit. Untergangsvisionen in Christoph Ransmayrs „Die letzte Welt". In: Deutschunterricht 56 (2003) H.6. S. 32–38.

Bock-Lindenbeck, Nicola: Letzte Welten – Neue Mythen. Der Mythos in der deutschen Gegenwartsliteratur. Köln u.a.: Böhlau 1999.

Cieślak, Renata: Mythos und Geschichte im Romanwerk Christoph Ransmayrs. Frankfurt a.M.: Lang 2007 (= Gießener Arbeiten zur Neueren Deutschen Literatur und Literaturwissenschaft 27).

Cramer, Dennis: Ein Mythos unter Mythen. Christoph Ransmayrs "*Die letzte Welt*" in tiefenpsychologischer Deutung. In: Textnahes Lesen. Annäherung an Literatur im Unterricht. Hrsg. von Jürgen Belgrad u.a. Baltmannsweiler: Schneider-Verlag Hohengehren 1998. S. 191–206.

Cybenko, Larissa: Mythologische Dimension der Wirklichkeit in Christoph Ransmayrs Roman *Die letzte Welt*. In: Von Taras Ševčenko bis Joseph Roth: Ukrainisch-österreichische Literaturbeziehungen. Hrsg. von Wolfgang Kraus. Bern u.a.: Lang 1995. S. 209–220.

Deliivanova, Boshidara: Mythos und Geschichte. Christoph Ransmayrs »Die letzte Welt«. In: Mythos und Krise in der deutschsprachigen Literatur des 19. und 20. Jahrhunderts. Hrsg. von Bogdan Mirtschev u.a. Dresden: Thelem 2004 (= Germanica Bd. 2002). S. 247–255.

Epple, Thomas: Christoph Ransmayr. Die letzte Welt. Interpretation von Thomas Epple. München: Oldenbourg 2000 (= Oldenbourg-Interpretationen Bd. 59).

Fülleborn, Ulrich: Mythopoesie und das Unverfügbare von Natur und Geschichte in Ransmayrs *Die letzte Welt*. In: Ders.: Besitz und Sprache. Offene Strukturen und nicht-possessives Denken in der deutschen Literatur. Hrsg. von Günter Blamberger u.a. München: Fink 2000. S. 417–428.

Gehlhoff, Esther Felicitas: Wirklichkeit hat ihren eigenen Ort – Lesarten und Aspekte zum Verständnis des Romans *Die letzte Welt* von Christoph Ransmayr. Paderborn u.a.: Schöningh 1999 (=Modellanalysen: Literatur).

Georg, Sabine: Modell und Zitat. Mythos und Mythisches in der deutschsprachigen Literatur der 80er Jahre. Aachen: Shaker 1996 (= Sprache & Kultur).

Glei, Reinhold F.: Ovid in den Zeiten der Postmoderne. Bemerkungen zu Christoph Ransmayrs Roman *Die letzte Welt*. In: Poetica 26 (1994) H.1–2. S. 409–427.

Gottwald, Herwig: Mythos und Mythisches in der Gegenwartsliteratur. Studien zu Christoph Ransmayr, Peter Handke, Botho Strauß, George Steiner, Patrick Roth und Robert Schneider. Stuttgart: Akademischer Verlag 1996 (= Stuttgarter Arbeiten zur Germanistik Nr. 333).

Gottwald, Herwig: Spuren des Mythos in moderner deutschsprachiger Literatur. Theoretische Modelle und Fallstudien. Würzburg: Königshausen & Neumann 2007.

Groß, Nikolaus: Antike Mythen und ihre Rezeption in der modernen deutschen Literatur. Ovids *Metamorphosen* und Ransmayrs *Letzte Welt*. In: Togil-munhak 37 (1996) H.3. S. 289–301.

Harzer, Friedmann: Erzählte Verwandlung. Eine Poetik epischer Metamorphosen (Ovid – Kafka – Ransmayr). Tübingen: Niemeyer 2000.

Ibsch, Elrud: Zur politischen Rezeption von Christoph Ransmayrs *Die letzte Welt*. In: Literatur und politische Aktualität. Hrsg. von Elrud Ibsch u.a. Amsterdam: Rodopi 1993 (= Amsterdamer Beiträge zur neueren Germanistik 36). S. 239–256.

Kaminski, Nicola: Ovid und seine Brüder. Christoph Ransmayrs *Letzte Welt* im Spannungsfeld von „Tod des Autors" und pythagoreischer Seelenwanderung. In: arcadia 37 (2002). S. 155–172.

Kiel, Martin: NEXUS. Postmoderne Mythenbilder – Vexierbilder zwischen Spiel und Erkenntnis. Frankfurt a.M.: Lang 1996 (= Europäische Hochschulschriften. Reihe 1. Deutsche Sprache und Literatur 1566).

Kovář, Jaroslav: Acht Thesen zu Christoph Ransmayrs Roman „Die letzte Welt". In: Literatur und Kritik 25 (1990). S. 193–200.

Kreuzer, Stefanie: Literarische Phantastik in der Postmoderne. Klaus Hoffers Methoden der Verwirrung. Heidelberg: Winter 2007.

Kuhnau, Petra: DER LETZTE SEINER ART. Christoph Ransmayrs Abschaffung des Interpreten in ›Die letzte Welt‹. In: Sprachkunst 29 (1998). S. 307–329.

Lönker, Fred: Das Ende der Deutungen. Zu Christoph Ransmayrs Roman *Die letzte Welt*. In: Kreuzwege. Transformationen des Mythischen in der Literatur. Hrsg. von Dietmar Jacobsen. Frankfurt a.M. u.a.: Lang 1999. S. 61–80.

Mallad, Heike: Und ist es auch Mythos - so hat es doch Methode: Der Umgang mit dem Mythos in Ransmayrs *Letzter Welt*. In: "Keinem bleibt seine Gestalt". Ovids *Metamorphoses* und Christoph Ransmayrs *Letzte Welt*. Essays zu einem interdisziplinären Kolloquium. Hrsg. von Kiesel, Helmuth u.a. Bamberg: Otto-Friedrich-Universität (= Fußnoten zur neueren deutschen Literatur 20). S. 23–28.

Moog-Grünewald, Maria: Über die ästhetische und poetologische Inanspruchnahme antiker Mythen bei Roberto Calasso, *Le nozze di Cadmo e Armonia* und Christoph Ransmayr, *Die letzte Welt*. In: Antike Mythen in der europäischen Tradition. Hrsg. von Heinz Hofmann. Tübingen: Attempto 1999. S. 243–260.

Mosebach, Holger: Anthropologische Zweifel: Zum Erzählwerk Christoph Ransmayrs. In: Trans. Internet-Zeitschrift für Kulturwissenschaften 15 (2004). http://www.inst.at/trans/15Nr/05_16/mosebach15.htm (12. Mai 2008)

Mosebach, Holger: Endzeitvisionen im Erzählwerk Christoph Ransmayrs. München: Meidenbauer 2003.

Neukirchen, Thomas: „Aller Aufsicht entzogen". Nasos Selbstentleibung und Metamorphose. Bemerkungen zum (Frei)Tod des Autors in Christoph Ransmayrs Roman *Die letzte Welt*. In: Germanisch-romanische Monatsschrift 52 (2002). S. 191–209.

Schmeling, Manfred: Bauen, fliegen, verwandeln … Zur postmodernen Gewinnung narrativer Strukturen aus antiken Mythen. In: Der Deutschunterricht 51 (1999) H.6. S. 41–50.

Schmitz-Emans, Monika: Christoph Ransmayr: *Die letzte Welt* (1988) als metaliterarischer Roman. In: Europäische Romane der Postmoderne. Hrsg. von Anselm Maler u.a. Frankfurt a.M.: Lang 2004 (= Studien zur Neueren Literatur 12). S. 119–148.

Spitz, Markus Oliver: Erfundene Welten – Modelle der Wirklichkeit. Zum Werk von Christoph Ransmayr. Würzburg: Königshausen & Neumann 2004 (= Epistemata. Würzburger Wissenschaftliche Schriften. Reihe Literaturwissenschaft. Band 524).

Theisen, Bianca: Metamorphosen der Literatur: Christoph Ransmayrs Die letzte Welt. In: MLN 121 (2006). S. 582–591.

Vollstedt, Barbara: Ovids „Metamorphoses", „Tristia" und „Epistulae ex Ponto" in Christoph Ransmayrs Roman „Die letzte Welt". Paderborn u.a.: Schöningh 1998 (= Studien zur Geschichte und Kultur des Altertums 13).

Wilhelmy, Thorsten: Legitimitätsstrategien der Mythosrezeption. Thomas Mann, Christa Wolf, John Barth, Christoph Ransmayr, John Banville. Würzburg: Königshausen & Neumann 2004 (= Saarbrücker Beiträge zur vergleichenden Literatur- und Kulturwissenschaft 24).

Wilke, Sabine: Poetische Strukturen der Moderne. Zeitgenössische Literatur zwischen alter und neuer Mythologie. Stuttgart: Metzler 1992.